合规落地一本通

全方位合规与绩效整合

张友源◎著

中国商业出版社

图书在版编目（CIP）数据

合规落地一本通：全方位合规与绩效整合 / 张友源著. -- 北京：中国商业出版社, 2024.6
ISBN 978-7-5208-2925-0

Ⅰ.①合… Ⅱ.①张… Ⅲ.①企业管理 Ⅳ.①F272

中国国家版本馆CIP数据核字(2024)第102471号

责任编辑：郑　静
策划编辑：刘万庆

中国商业出版社出版发行
（www.zgsycb.com　100053　北京广安门内报国寺1号）
总编室：010-63180647　　编辑室：010-83118925
发行部：010-83120835/8286
新华书店经销
香河县宏润印刷有限公司印刷

*

710 毫米 ×1000 毫米　16 开　14.25 印张　170 千字
2024 年 6 月第 1 版　2024 年 6 月第 1 次印刷
定价：68.00 元

****

（如有印装质量问题可更换）

推荐序

在众多研究企业合规的专著中,张友源先生的这部作品显得尤为独特。得益于多年对企业合规问题处置方案的深入研究与实践经历,再加上其在绩效管理、内部控制和风险管理方面的扎实基础,张先生展现出了独具一格的见解和深刻的洞析。张友源先生的观点深入而明晰,能够将高深的理论用浅白的文字阐释出来,并自然地将之与众多实际案例融为一体。尤其在解构合规管理体系标准时,本书巧妙地将合规新知与目标读者应有的管理学知识相结合,表述简洁明了,读者读后不仅能够轻松领会,更能自信地将各种合规措施真正融入企业的管理实践中。

张友源先生对国内咨询行业的态势有着深刻的洞见。在企业合规问题处置方案的选择方面,尽管众多业内人士都聚焦于构建单一的正式合规管理体系,但张友源先生却展现出了其更宽广和更深入的视野。他不满足于仅仅触及表层,而是从组织的成长发展过程出发,深入探索企业中的各种合规方式。他睿智地将构建符合国际标准要求的合规管理体系称为"自律式合规",进而极富洞察力地引出了"自救式合规"的法律顾问服务、"自控式合规"的内部控制,以及"自护式合规"的法律风险管理等不同的合规方式。在本书中,张友源先生深入探讨了这几种合规方式,及其在企业中的实际应用。读完本书中讲述的关于企业四种合规方式的内容之后,我深感张友源先生的学识之丰富,即使长年从事合规和管理咨询的专家也会为之赞叹不已。

张友源先生十分重视合规措施在企业中真正落地的问题，明确提出了根据企业不同的合规需求，可以选择不同的策略和方法。特别是对于"自律式合规"，也就是构建我们熟知的正式合规管理体系，张友源先生结合自身丰富的实践经验，为我们展示了其在企业中被有效建立、实施、维护和持续改进的过程。

我国的企业合规实践，必须正视合规管理体系与企业既有管理体系的一体化融合问题，关注合规与业务"两张皮"的现象，以及央企的合规议题。在深入剖析了合规管理体系的建立、实施、维护和持续改进以及其他合规方式之后，本书还就上述几个必须正视和关注的课题进行了独到且富有见地的探讨。这些深入的讨论不仅仅具有一定的深度与前瞻性，更显示出其较强的创新性。

总之，本书不仅仅是指导企业合规实践的实用指南，对于希望深入了解企业合规理论与实践的读者和咨询人士来说，它更是一部不可多得的"宝典"。它的内容深入浅出，既有深厚的理论支撑，又不乏实际的操作建议，故而在此强烈推荐给所有关注并寻求企业合规问题处置方法的读者。

深圳市商务服务类行业协会联合党委书记
深圳市管理咨询行业协会执行会长

前 言

管理良好的组织应该拥有由适当管理体系支持的合规政策，以帮助其遵守自身法律义务和诚信承诺。

——ISO37001《反贿赂管理体系》

自我国融入全球企业合规大潮至今，已近20年历程。2018年，我国经历了几起重大合规风险事件，促使政府加大合规监管力度，颁布了众多重要文件，因此该年也被誉为"中国合规元年"。自2020年以来，最高人民检察院推进涉案企业合规改革试点工作；2021年为合规管理强化年，企业合规师成为新兴职业。截至2023年，我国行政合规与刑事合规逐渐与国际接轨，基本体系框架结构形成。国有大中型企业普遍建立了合规管理体系，众多民营中小企业在合规压力及监管激励下，已经或正准备建立自身的合规管理体系。中国特色合规管理初具规模，企业的合规需求空前旺盛，如何量身打造合规管理体系成为企业迫切需要解决的问题，如何从专项合规管理转向系统化合规管理亦是企业必然会面临的挑战。

作为一名具有法学和工商管理专业双重背景的管理咨询服务人员，我潜心追踪研究合规理论并参与企业合规实践十余年，积累了一套适合中国企业的合规创新理念和相关实践经验。基于此，我萌生了撰写本书的想法，以帮助各类企业找到适合自己的合规方式，为企业提供建立和完善合规管理体系的实用参考手册，协助企业将合规管理落地、落实，并取得有效实用的成果。

二

不同规模和类型的企业在构建合规管理体系的能力和需求上存在显著的差异。因此，许多企业面临着一项挑战：如何设计并实施一套既满足自身需求，又遵从最佳合规管理实践，且具有成本效益的能够为企业创造价值的合规管理体系。这不仅要求企业确保合规管理体系的落地运行，同时也需要精细化的策略，来确保体系的适应性和有效性。

任何企业都是追求绩效目标的组织，它的任何活动包括建立和完善合规管理体系，无不被打上了追求绩效的烙印。基于自身的个性化条件和需求，企业应如何建立和完善其合规管理体系呢？

对于以上问题，本书给出了三条路径：一是随着企业的发展，在量身定制合规方式的基础上，逐步有效地构建并完善适合自身的合规管理体系；二是从小到大、从专到全打造合规管理体系；三是与国家和国际标准接轨，从一开始就打造标准化的合规管理体系。

以上三条路径适合不同企业的合规需求，其关键点在于合规管理体系的落地问题。

第一条路径的具体操作，是随着企业的成长逐步打造合规方式，并利用合规管理体系标准进行结构化构建。这种方式强调随着企业规模和复杂性的增长，逐步引入不同的合规措施，形成一个伴随企业成长起来的完善的合规体系。

第二条路径的具体操作，是通过打造小范围合规体系或专项合规计划，并运用《合规管理体系 指南》的方法逐步整合实现。这种方式适用于那些希望从具体问题出发，先在某个领域或业务部门建立合规体系，然后逐步扩展至整个组织范围的企业。

第三条路径的具体操作，是采用合规管理体系标准要求的方法与措施，直接打造一个全面的合规体系。这种方式从一开始就采用全方位的方法，设计并实施一个全面的合规管理体系。然而，由于一开始就要面临多方面的挑战，这可能会导致落地难度加大。

不过需要明确的是，无论采用哪条路径建设合规体系，都有一个从粗放到精细的发展过程。

三

本书中的内容，正是围绕着以上三条路径的具体落地展开的。书中内容共分为四章。

第一章，讲解企业合规的基本概念及其内涵，以及合规发展的历史等，以便为读者阅读全书内容打下知识基础。

第二章，重点讲述上面提到的第三条路径，即按照最新合规管理体系标准以及与之配套的国家标准、重要办法等规范的系统方法步骤，建立和完善企业合规管理体系。这是适用面最广泛的体系化方法，其理论和操作流程，可以为使用第一条路径和第二条路径构建合规管理体系的企业提供理论基础和操作指引。

第三章，讨论第一条路径的方法和涉及的问题，内容包括企业合规的其他方式，如自救式合规、自控式合规和自护式合规等，使想要根据企业发展情况，通过量身定制合规方式结构化打造合规管理体系的企业获得更多的选项。

第四章，重点讨论如何避免合规管理体系在企业中"水土不服"的问题，介绍一些把合规融入企业经营管理过程的原则和方法，以使合规管理体系真正为企业实现目标达成业绩做出贡献。

最后，我希望本书能为读者贡献有关企业合规方面的理论体系和实践方法，为企业合规建设提供有效的支持。

目 录

第一章
走进合规管理的世界：概述、方法与体系

第一节　合规的内涵及四种合规方式 / 3

第二节　企业合规的源起与演进 / 10

本章小结 / 25

第二章
自律合规方式：理论与实践的碰撞

第一节　建立 / 29

第二节　实施 / 65

第三节　维护 / 82

第四节　持续改进 / 93

本章小结 / 111

第三章
其他合规方式：合规的多元化实现

第一节　自救式合规——法律顾问服务 / 115

第二节　自控式合规——内部控制 / 124

第三节　自护式合规——法律风险管理 / 149

本章小结 / 177

第四章
合规之道：把合规融入经营管理过程

第一节　管理体系一体化融合 / 181

第二节　避免合规与业务"两张皮" / 193

第三节　央企的合规 / 204

本章小结 / 214

后记 / 215

第一章
走进合规管理的世界：概述、方法与体系

没有合规，就没有企业的明天。

——刘学良

本章重点介绍合规管理体系及其基础知识，解析合规的内涵，探讨企业典型的合规方式，梳理企业合规近70年的发展历史。

本章共分两节。第一节深入解析合规的内涵以及四种主要的合规方式，旨在帮助读者全面理解合规及合规管理的概念、含义及其延伸。第二节详尽追溯企业合规的起源和演变过程，以加深读者对合规的理解。

第一节　合规的内涵及四种合规方式

合规为履行组织的全部合规义务。

——ISO37301《合规管理体系 要求及使用指南》

一

全球范围内的合规浪潮受到全球化以及各国行政法规的共同推动，甚至表现出某些强制性特征。这使组织，特别是企业，越来越意识到建立和实施合规管理体系的重要性，并将其视为管理体系必备的组成部分。

合规管理体系的目标，是使企业实现合规目标以达到合规要求。

而合规，其内涵为促使组织履行其全部的合规义务。

总体来说，合规义务涵盖了企业物理和组织边界所涉及的所有国家和区域的法律法规、行业标准、准则、道德规范，以及企业的内部规章制度。所涉及的义务中，许多是有强制性的，如法律法规中的强制性规范等；另一些则是组织自愿的，如企业与相关方签订的契约性规定和内部的规章制度等。

合规义务：组织强制性地必须遵守的要求，以及组织自愿选择遵守的要求。——ISO37301《合规管理体系 要求及使用指南》

一些读者可能会困惑，在合规实践中，组织为什么会自愿选择遵守一些要求呢？

因为，组织可能出于多种原因寻求从合规中获益，或者仅仅是为了提升企业道德水平。具体因素可以包括但不限于：构建良好的声誉和品牌形象，获取市场竞争优势，降低法律和声誉风险，增强员工的参与度和忠诚度，坚守道德和伦理原则等。

例如，某食品生产企业自愿选择遵守有机食品的更高生产标准和认证要求，从而可以树立为消费者提供健康、环保和可持续食品的形象，进而赢得消费者的信任和忠诚。

一家时尚品牌自愿选择遵守比国家要求更严格的员工权益保护的要求，确保其供应链中的工人享有公平的工资和合理的工作条件，从而有助于该品牌树立对社会负责任的形象，吸引那些关注员工权益的消费者，从而在市场竞争中获得优势。

一家金融机构自愿选择遵守反洗钱和反恐怖融资的要求，即使这些要求并未规定该机构具有强制的遵循义务。通过自愿遵守这些要求，该机构可以避免面临来自各方的压力，并保持其良好的声誉。

一家科技公司自愿遵守数据隐私和信息安全的最佳实践，确保客户数据和隐私得到有效保护。这样的做法可以赢得员工的认可和支持，因为他们知道他们所从事的工作是合法、道德和负责任的，从而提高员工的参与度和忠诚度。

一家能源公司自愿采用可再生能源，以减少对化石燃料的依赖并降低对环境的负面影响。这个决策是出于对气候变化和可持续发展的关注，体现了企业对道德伦理原则及社会责任的承诺。

二

尽管全球的合规要求具有极广的覆盖范围，但对于不同规模和业务类型的企业来说，所需承担的合规责任通常相对集中和特定，这是因为企业的合规义务具有针对性，它并非简单地从全球性的合规要求中裁剪出一部分，而是根据企业自身的运营环境和实际情况，从广泛的合规要求中识别出与企业最为相关的一部分，形成适应企业特性的合规义务子集。

下面将分析不同规模和业务类型的企业，以说明在不同国家、区域的合规环境下，企业所识别出的、适合其特定情况的合规义务是不同的。

1. 跨国金融机构：对于一家全球性的银行，其合规义务可能涉及多个国家和地区的金融监管法规、反洗钱规定、市场行为准则等。在美国、欧盟和亚洲的各个金融市场中，银行需要遵守不同的合规要求，如美国的《美国银行保密法》、欧盟的《金融市场合规指令》等。

2. 小型制造企业：对于一家小型制造企业，其合规义务可能更加关注员工安全和环境保护等方面，它需要遵守国家和地方的劳动法规、环境保护法规，以及行业协会制定的安全标准和最佳实践。

3. 跨境电子商务平台：对于一家跨境电子商务平台，其合规义务涉及跨国电子商务的特殊要求。它需要遵守不同国家和地区的消费者保护法规、数据隐私法规，以及国际电子商务标准和行业自律规范。

4. 跨国科技公司：其合规义务可能包括但不限于遵守国际贸易法规，包括出口管制和制裁措施的合规要求；遵守知识产权法律和专利权保护，确保知识产权的合法使用和许可；遵守数据隐私和信息安全法规，保护用户数据和隐私权等。

5. 疫苗公司：其合规义务可能包括但不限于遵守药品监管法规和标准，确保疫苗的质量、安全性和有效性；遵守临床试验法规，确保在研发和测试过程中遵循适当的伦理标准和安全规范；遵守疫苗供应链的管理规定，确保疫苗的储存、运输和分发过程的安全和合规性等。

6. 初创小型化工企业：其合规义务可能包括但不限于遵守化学品安全法规和环境保护法规，确保化学品的生产、储存和处理符合规定的标准；遵守劳动法规和安全规定，确保员工的劳动权益和工作环境的安全性；遵守质量管理标准和安全生产要求，确保产品的质量和消费者的安全。

以上已经凸显企业合规义务的个性化和多样性特征了，而组织或企业的合规管理，就是要确保有效地履行各自个性化的合规义务。

三

虽然合规的本义并不难理解，但要使企业达到持续合规的状态却并不容易。这涉及组织最高层的承诺、认可和持续支持，以及对环境和相关方需要和期望的全面理解。此外，还需要确定合规管理的范围，并为其配备足够的合规资源。最重要的是，将合规整合到企业文化之中。这些系统化的要素，共同指向企业必须建立一个符合基础要求的合规管理体系，以便以系统化的方式实现企业的合规。

在企业中建立合规管理体系的主要原因在于合规是一个持续的过程，表现为合规管理体系中的许多过程是持续性的，这些过程需要组织不断进行监控、评估和改进，以确保合规管理的持续性和有效性。所涉及的持续性过程包括但不限于合规义务的识别和更新、合规风险的评估和管理、内部审核与管理评审、培训实施和意识提高、监控和报告、改进和纠正措施等。这些持续性过程，共同构成了合规管理体系的运行基础，帮助组织确保其合规性，并适应不断变化的合规要求和业务环境。

例如，某家医药公司是一个全球性企业，通过建立合规管理体系满足了持续合规的要求。该公司的合规管理部门由一支专业团队组成，包括合规官员、合规专家、内部审核及管理评审专业人员和培训专员等。这个团队负责制定和实施合规策略、程序和控制措施，确保公司的各项业务活动符合适用的法律法规和其他有关要求。该公司的合规管理体系受到最高领导层的重视和支持。公司的首席合规官担任合规管理的最高负责人，直接向公司治理机构和最高管理者报告工作。作为医药行业的一员，该公司面临着众多的法规要求和严格的合规责任。他们通过持续性的合规义务识别和更新，确保其合规管理体系与最新的合规要求保持一致。此外，他们进行定期的合规风险评估，以识别潜在的合规风险，并采取适当的措施予以有效应对。该公司还特别注重内部合规管理评审，定期评估合规管理体系的适宜性、充分性和有效性，并及时加以改进和采取纠正措施。通过持续的培训计划和意识提高活动，确保员工了解合规要求。定期的监控和有效的问题报告机制，帮助他们及时发现合规问题，积极采取相应的纠正和预防措施。

这个案例展示了一个企业如何通过持续性过程建立合规管理体系，以达到持续合规的目标，强调了持续性过程在确保企业合规性方面的关键作用。

四

许多企业尚未构建正式的合规管理体系，但这并不意味着这些企业中不存在其他合规方式。

典型的其他合规方式，包括法律顾问服务、内部控制和法律风险管理三种。因为这三种方式都有帮助企业追求合规的功能性，所以我们不妨将它们分别简称为自救式合规、自控式合规和自护式合规。

虽然三种合规方式与构建正式的合规管理体系存在一些差异，但从三种方式过渡到正式合规管理体系的构建却是可行的。

由于这三种方式可以为处于不同发展阶段的企业提供一定程度的合规性保障，我们不妨在这里对它们稍加介绍和讨论，更多内容将在第三章中深入探讨。

首先，我们讨论三种合规方式与构建正式合规管理体系的差异性。前者均属一般合规，指的是合乎组织营运所适用的法律法规及其他有关规则；后者则为特定合规，指的是全面履行组织识别的所有合规义务。

1. 自救式合规——法律顾问服务：企业可以建立自己的法律顾问团队，也可以聘请法律顾问或律师事务所的律师来提供法律咨询和支持，以确保其业务活动符合适用的法规和法律要求。法律顾问可以帮助企业了解和解释法规，提供合规建议，并协助处理合规问题。然而，单纯依赖法律顾问服务，可能无法提供一个系统化的合规管理框架，存在处事滞后性和措施单一性。

2. 自控式合规——内部控制：企业可以建立内部控制体系来确保业务活动符合法律法规要求和公司内部政策、程序和流程。内部控制体系旨在控制企业的运营过程，减少风险和错误。它可以包括控制环境、风险评估、控制活动、信息与沟通和监督活动五要素，以确保有效的合规控制。然而，内部控制体系通常聚焦于内控目标的实现和风险防范，可能只是重点采取控制措施，而缺乏展开全面的管理过程，难以有效达成企业全面的合规要求。

3. 自护式合规——法律风险管理：企业可以采用法律风险管理体系来识别、分析、评价和应对潜在的法律及合规风险。法律风险管理体系可以包括明确环境信息、风险评估、风险应对和监督与检查等活动，以减轻法律及合规风险的影响。然而，法律风险管理体系旨在覆盖企业所涉及的广泛法律领域及全面的法律风险管理需求，该体系在识别合规义务的实践中尚存不足，未能充分专注于促进企业的自律性合规管理。这种局限性使得其在合规的针对性和深度上难以取得预期效果。

4. 构建正式的合规管理体系：可称为"自律式合规"。它构建的是一个系统化的合规管理框架，旨在确保企业在各个层面上符合适用的法律法规和其他规则等合规要求。这样的体系实际上是一种十分有效的绩效管理方式方法，它通过识别合规义务的方式，敦促企业"遵守明确规定、遵从最佳实践、遵循未来趋势"。其中明确规定包括法律法规、道德规范和内部规章等。在这个系统中，合规义务的识别和更新、合规风险评估和有效的针对性管理、内部审核与管理评审、培训实施和意识提高、监控和报告、改进和纠正措施等都被视为持续性过程。与上述三种合规方式所涉及的合规措施相比，正式的合规管理体系更全面、更系统，并提供了一个自律性的、综合而全面的合规管理框架。这个框架不仅包含了对现有法律法规和其他准则的遵守，还鼓励企业根据最佳实践和未来趋势进行管理上的调整和改进，从而形成一种追求卓越绩效的自我调节和持续改进的良性循环。

五

下面将讨论三种企业构建正式合规体系前的过渡形式。

从法律顾问服务、内部控制和法律风险管理过渡到构建正式的合规管理体系是可行的，并且在成本和管理连贯性上相比直接从零开始建立正式合规管理体系存在优势，这其实就是我们在前言中谈及的构建合规管理体系的第一条路径。

过渡过程往往是一个逐步发展衔接的过程，并且与建立正式合规管理体系所使用的方法存在内在联系，即该过程通常包含以下几个步骤或注意事项。

1. 识别现有合规实践的差距：评估当前的法律顾问服务、内部控制体系和法律风险管理体系，识别与正式合规管理体系的要求之间的差距。确认现有实践中缺失的关键要素，并确定改进的重点和能够加以整合的要素。

2. 制订合规管理体系过渡计划：基于识别的差距，制订过渡计划，包括明确的目标、时间表和资源需求。确保计划考虑到业务的特定需求和合规要求。

3. 确保高层支持和承诺：获得企业高层的支持和承诺，使其认识到构建正式合规管理体系的重要性，并提供必要的资源和支持。

4. 建立合规团队：成立一个专门的合规团队，负责推动过渡和结构化构建合规管理体系的实施。该团队应该具备合规专业知识，并与不同部门协同，确保企业合规要求得到有效的整合。

5. 制定政策和程序：根据合规要求，制定明确的合规政策和程序，确保员工了解和遵守相关要求。这些政策和程序应该与业务流程紧密结合，以确保合规方法与合规措施的可行性和可操作性。

6. 培训和意识提高：提供培训和意识提高活动，以确保员工了解合规要求和他们的责任。这有助于确保合规文化在整个组织中得到推广和贯彻。

7. 监控和持续改进：建立监控机制，定期评估合规管理体系的有效性，并进行持续改进。这包括管理评审、合规绩效评估和反馈等活动，以确保合规管理的持续性和有效性。

通过逐渐实施上述步骤并进行有序的过渡，企业能够将当前的合规方式要素凝结，并结构化为一个更加全面且系统的正式合规管理体系。这种有策略的过渡，有助于更好地落实正式合规管理体系，从而更有效地管理合规风险、提升合规效率，同时满足不断变化的法律法规和合规需求。

第二节　企业合规的源起与演进

合规管理体系是企业社会责任的最佳体现。

——ISO26000:2010《社会责任指南》

企业合规的概念源于20世纪60年代的美国，并随着时间的推进，从正式化逐步演变至全球化，现已为全球众多企业所采纳。这一理念与实践在过去60余年中经历了几个关键发展阶段。初始阶段，企业通过自行监管来探索合规；随后，随着政府监管的介入，进入了政府引导监管阶段。此后，合规监管进入了行政与刑事监管并存的新阶段。进入21世纪后，美国的企业合规迎来了更为普遍的监管阶段，同时推动了合规理念的全球化扩散。综合来看，企业合规从自我监管的探索期，到政府监管指导阶段，再到行政与刑事监管并存期，最终演化为今天的全球融合期，标志着合规管理已经跨入了一个全球化的新时代。在这一过程中，美国不仅在各阶段起到了关键作用，而且在推进合规全球化方面也发挥了重要影响。

接下来，让我们进一步探讨这四个阶段的细节。

一、初探合规：自行监管阶段（美国20世纪60年代）

企业合规的发展源于美国。在20世纪60年代之前，合规已经成为美国商业监管实践的一部分。那时，一些企业为了应对社会对公司的不信任，试图通过规范员工行为来强化自我监管，促使员工遵循法律法规。与此同时，一些行业协会也开始制定合规指南，督促企业遵守法规开展经营活动。不可忽视的是，这些企业和行业协会建立合规体系的目的，并不仅仅是依法依规经营，同时也是试图通过这样的方式更有效地划分市场和控制价格。尤其是在政府开始加强监管的背景下，企业和行业协会积极地通过强化合规措施来防止政府的过度监管。

以美国石油产业为例，在20世纪60年代，石油公司面临着消费者的质疑和政府的严格监管。为了重塑企业形象并保持合规经营，石油行业协会制定了一系列合规指南，以规范石油企业的行为。通过这些努力，石油公司逐渐改善了企业形象，并减轻了政府的监管压力。

紧接着，另一项重要的历史事件是1962年美国证券交易委员会（SEC）推出的"披露规则"，这是企业合规历史上的一个重要里程碑。这些规则要求上市公司披露关键的财务和经营信息，以便投资者能够做出知情的投资决策。这标志着政府开始对企业的合规行为进行更为直接和严格的监管。

总的来说，在这一时期，企业合规基本处于"自行监管阶段"。然而，政府开始介入的迹象已经显现，并逐渐加强，最终推动合规实践进入了更为正式的"政府监管阶段"。

二、政府引导：政府监管阶段（美国20世纪60年代后）

自20世纪60年代以来，随着一系列企业垄断丑闻的曝光，包括通用电气、西屋电气等在内的数家大型企业，被曝光通过划分市场、操纵价格和控制招标等手段来维持其市场垄断地位。这些公司先后受到美国刑事反垄断部门的严格调查。

1961年，美国电力系统公司因涉嫌价格操纵而被重罚。随后，超过30家被调查的企业和40多名相关人员与检察机关达成认罪协议。除了这些公司被法院判处的数百万美元罚金外，还有7名公司高管被判处有期徒刑。这些针对公司及其高管的刑事处罚，震惊了美国社会各界，也促使更多企业开始制订反垄断合规计划。

1964年，美国通用电气公司因涉嫌违反反垄断法而被罚款2910万美元，这是美国历史上最高的反垄断罚款。这一事件标志着企业合规进入了全新的阶段，企业开始意识到违规行为可能带来的巨大经济损失和声誉损害。这种意识的提高，使得企业开始更加重视合规工作，提升合规制度的建设水平。

在企业制订合规计划的过程中，监管部门对企业合规的发展起到了重要的推动作用。只要企业建立了合规计划，并确保该计划得到严格的监督和诚实的执行，监管部门就可以据此认定企业没有主观过错，不对员工的违法违规行为承担法律责任。因此，1970年以后，合规管理体系的建设在美国特定领域逐渐受到重视。这一阶段持续了近30年，可以被称为"企业合规的政府监管时代"。

在这一阶段，企业合规在反商业贿赂领域得到了特别的重视。1977年，美国为应对日益严重的海外贿赂问题，颁布了《反海外腐败法》（FCPA）。该法的反腐败条款和会计条款，不仅对在海外运营的美国公司产生了较大的法律约束力，还适用于外国公司在美国的贿赂行为，以及在美国设立分支机构的外国公司的海外贿赂行为。美国联邦司法部对违反该法的行为拥有刑事管辖权，而美国证券交易委员会则可以对此行使民事管辖权。在此背景下，许多企业开始实施反贿赂合规计划，以确保自身遵守相关法律法规，减少潜在的法律风险。

总的来说，在政府监管阶段，企业合规得到了更多的关注和重视。一系列垄断丑闻的曝光使得企业对合规的重要性有了更深刻的认识，监管部门也对企业合规的发展起到了推动作用。美国颁布的《反海外腐败法》使得合规在反商业贿赂领域得到了特别的重视，许多企业开始实施反贿赂合规计划，以确保遵守相关法律法规并降低法律风险。

从自行监管阶段发展至政府监管阶段，企业合规在美国特定领域逐渐形成了更为完善的体系，为后续美国企业合规的推进与发展奠定了基础。

三、双管齐下：行政与刑事监管并存阶段（美国20世纪90年代后）

进入20世纪90年代后，美国企业合规制度发展至一个新的高峰，行政监管与刑事监管共同推动着企业合规的进步与完善。

从20世纪90年代起，美国司法部和证券交易委员会对海外贿赂行为的打击力度显著加大。大量跨国企业因涉嫌各种商业贿赂行为而被起诉，这些案件涉及的行业多种多样，包括制造业、医疗、能源、金融等。

例如，1994年，美国制造商洛克希德·马丁因违反《反海外腐败法》被罚款2400万美元，这是当时美国历史上最高的反贿赂罚款。这一案例使得更多企业开始认识到合规的重要性。

这些起诉不仅使公司承担刑事责任，还严重损害了公司的声誉，导致其失去商业机会和交易资格。因此，许多公司开始重视内部的法律风险防范问题，以避免海外贿赂行为的发生。

自此，美国企业合规制度迎来了新的发展阶段。这一阶段的主要特征是，企业合规从特定行业的管理机制，发展成为美国企业界普遍应用的公司治理方式。与此同时，从刑事司法部门加强合规监管开始，企业合规监管逐渐为几乎所有政府机构所接受，形成了行政和刑事监管企业合规事务并存的局面。

1991年，美国联邦量刑委员会在《联邦量刑指南》中增设了第八章"组织量刑指南"，作为法庭在对犯罪企业进行量刑时的参考依据。这一指南明确了一套有效合规计划的基本准则，通过后续修订，它进一步明确了一个有效的合规计划应包括的要素，如合规的标准和流程、监督机制、与道德及合规计划相匹配的组织结构、教育与培训、审查和监控、奖励与纪律处罚机制、对违规行为的应对和预防等。

"组织量刑指南"的引入对于推动企业合规的发展起到了重要的作用。首先，它鼓励企业通过建立合规计划来避免违规甚至犯罪行为，同时，对于实施了合规计划的企业，司法机关也会给予相应的奖励，如罚金减免。其次，该指南明确了对于企业的合作态度以及主动揭露违法行为的积极影响，对于配合司法机关调查，及时处罚有过错的员工的公司，将会在罚金的处理上有所减轻。最后，这种刑事合规机制的建立，首次为企业加强合规制度的建设提供了积极的刺激，使得企业从被动地等待员工自行遵守法规，转变为主动推动员工遵纪守法。"组织量刑指南"的实施，无疑是美国企业合规制度发展的一个重要转折点。

自此以后，美国企业普遍开始按照该项指南的标准来建立有效的合规计划，这被视为企业有效治理的主要标志。同时，美国联邦检察机关在推动企业合规发展方面发挥了越来越大的作用。它们不仅根据该项指南所设定的标准来作出是否提起公诉的决定，而且在与企业达成暂缓起诉协议或不起诉协议时，也会将企业是否按照指南要求确立合规计划作为重要的考量因素，并在达成协议后将指南要求作为企业改进合规计划的标准模板。

1997年12月17日，在美国的积极倡导和引领之下，经济合作与发展组织（OECD）正式采纳了一部具有里程碑意义的公约——《反对在国际商务交易活动中行贿外国公职人员公约》（以下简称《反贿赂公约》）。该公约旨在维护国际商务的公正与透明，系统地打击跨国商务交易中的贿赂行为，尤其是针对外国公务员的贿赂。值得强调的是，该公约的内容与条款，在很大程度上借鉴了美国于1977年实施的《反海外腐败法》（FCPA）。这不仅标志着美国在国际反腐合作中的领导作用，也是美国积极推广其反腐合规理念至全球的重要举措。《反贿赂公约》对国际合规产生了深远的影响。首先，它为国际商务交易提供了一个明确的道德和法律框架，明确了哪些行为是不被接受的。其次，公约鼓励了跨国执法合作，使得打击国际贿赂行为成为可能。最后，公约还为签约国提供了一套共同的规则和准则，确保贿赂调查和审讯的公正性和公平性。

总的来说，自20世纪90年代以来，美国企业合规进入了一个新阶段，行政监管与刑事监管共同推动企业合规制度的完善。在这一阶段，《组织量刑指南》的实施成为企业合规发展的分水岭，标志着建立有效的合规制度成为美国企业普遍重视的公司治理方式。随着政府等各有关部门和司法部门对合规监管的认可，企业合规制度在美国逐渐得到广泛应用与发展，并开始将其影响扩展到全球。

四、全球融合：普遍监管与国际化阶段（21世纪初至今）

自21世纪初至今，企业合规制度在包括中国在内的世界范围内迎来了新的挑战与机遇，呈现出三条发展脉络。首先，美国企业合规制度进入了普遍监管阶段，开启了其独特的发展路径。其次，在美国企业广泛实施合规制度的背景下，国际组织逐渐接纳了通过合规实现有效公司治理这一理念，并在此基础上制定了企业合规的基本标准，为全球各国企业建立和完善合规管理体系提供了指引。这标志着合规管理已进入了国际化阶段。最后，随着合规管理的全球化，中国的合规管理也取得了显著的进步和发展。

接下来，我们将通过对这三个方面的讨论，全面展示企业合规在普遍监管与国际化阶段的发展趋势与影响，深入探讨合规在当今全球化背景下的重要意义，以及中国在与国际接轨后的合规发展方向。

（一）美国的普遍监管阶段

21世纪初，美国企业合规制度迎来了普遍监管阶段，这一阶段的发展受到了多起企业欺诈丑闻和金融危机的影响，合规制度的演变过程中包含了《萨班斯—奥克斯法案》和《多德—弗兰克法案》对企业合规的推动作用。

2000年以后，美国爆发了许多企业欺诈丑闻，包括安然、世通、雷曼兄弟等在内的多个美国公司，因卷入欺诈案件而最终宣告破产。例如，安然公司在2001年破产之前，曾伪造财务报表，掩盖巨额亏损。而作为当时全球第一大会计师事务所的安达信公司，也因为向监管部门提供伪造文件而受到刑事起诉，并随即陷入分崩离析的困境，不仅失去了绝大多数客户，也失去了从事证券审计业务的资格，员工纷纷离职或者失业，造成了美国经济的严重动荡。

为应对这场危机，加强对企业的内部控制，2002年，美国通过了《萨班斯—奥克斯法案》，这是自1930年以来对联邦证券法所作的最大修订。在推动企业合规方面，该项法案的实施代表了美国治理上市公司基本理念的转变，从简单的信息披露，走向实质性的监管。其中，最主要的监管方式就是督促公司建立内部控制体系，要求公司管理层承担其建立、运行、评估、披露内部控制体系的责任。在该法案的影响下，美国上市公司会计监管委员会，确立了企业内部控制体系的基本标准。这些标准要求管理层对内部控制体系的有效性进行评估，并对评估进行记录和报告。管理层的责任主要包括：记录与所有财务报表会计科目和披露事项认定有关的内控设计；测试相关的内控体系，须涵盖内部控制的全部要素；执行适当程序以获得充分的证据并保留相关记录，以便支持对内控体系有效性的评估；

内部控制体系评估应由公司管理层负责实施，可向内部审计师、公司其他人员和第三方请求协助，但不可直接委派给外部审计师或其他任何第三方；遇有一个或多个严重不合格的情况，管理层就不应认定内控体系的有效性；管理层报告应披露所有严重不合格的情况。

2010年通过的《多德—弗兰克法案》，针对金融危机的发生，推动了企业合规制度的进一步发展。根据美国学者的分析，该项法案"更加重视公司内部的举报和合规程序"，督促企业不断改进合规计划，以便有效预防企业内部的违法违规问题。例如，法案设立了举报奖励机制，鼓励员工向监管机构举报企业的违法行为，从而提高企业合规水平。

总的来说，美国合规发展的普遍监管阶段，见证了企业合规制度的重大突破。通过实施《萨班斯—奥克斯法案》和《多德—弗兰克法案》，加强了对企业内部控制的监管，强化了管理层的责任。这一阶段的发展，不仅体现了美国合规制度的不断完善，也为全球企业合规提供了宝贵的经验和借鉴。

（二）合规管理的国际化

随着美国企业合规制度的普及，许多国际组织纷纷接受了"通过合规进行公司治理"的理念，并开始在相关领域发布企业合规的基本标准，以指导各企业建立合规体系。

21世纪初，随着全球化的加速，腐败问题开始对国家的发展和国际经济合作产生严重负面影响。为了应对这一全球性问题，联合国于2003年提出并通过了《反腐败公约》，这是全球第一个全面的反腐败法律框架，涵盖了从腐败的预防、刑事化、执法合作到资产追回等多个方面。它强调了公共部门、私营部门、非政府组织和民众之间的合作和对话的重要性。此外，公约还为成员国提供了一个共同的框架，以确保其国内法律与公约的规定相一致。该公约不仅促进了国际合作，还使得国家在制定国内反腐败法律时有了明确的方向和参考，从而对全球合规环境产生了深远的影响。

2005年4月，巴塞尔银行监管委员会发布了《合规与银行内部合规部门》，为金融企业设立合规部门确立了一般性原则。该文件明确界定了合规风险，并要求合规从银行高层做起，同时确立了基本的合规原则。

2010年3月，经济合作与发展组织（OECD）发布了《内部控制、企业道德及合规最佳实践指南》，对成员国和跨国企业提出了预防腐败行为的要求，并确立了有效合规的十二项准则。

2014年，国际标准化组织（ISO）发布了《合规管理体系指南》（ISO19600：2014，现已废止），以国际标准化文件的形式确立了有效合规的基本指南。这一合规文件的发布，标志着国际组织建立有效合规计划步入成熟阶段。

在美国合规制度的影响下，其他西方国家先后接受并采纳了合规治理机制。最初，企业合规是为了配合国际反商业贿赂的开展和合作而得到传播的。例如，英国于2011年通过了《反贿赂法》，法国于2016年通过了《萨宾第二法案》，两国都在反腐败领域将企业合规确立为重要的刑事激励机制，并确立了有效合规计划的最低标准。

与此同时，西班牙、意大利等国将合规机制纳入刑法，使其成为企业犯罪案件的法定抗辩事由，以及法院对涉案企业作出宽大刑事处理的法定量刑情节。以上这些都属于反海外腐败的法律，所确立的合规机制也都属于"反腐败合规"。这种以防范企业商业贿赂犯罪为主的合规机制，通常被称为"小合规"或"狭义的合规"。

值得一提的是，企业合规已逐渐从反腐败领域扩展至反洗钱、反垄断、数据保护、出口管制等多个领域，实现了合规适用范围的普及化。而最初作为刑法激励机制的企业合规措施，也逐渐为各国政府监管部门所接受，成为对涉案企业进行宽大行政处理的重要依据。其中，行政监管部门与涉案企业通过达成行政和解协议，督促并激励企业建立合规计划，这已经成为西方国家普遍采纳的新型监管方式。

一些国际组织在接受合规理念并发布有效合规指南的同时，还充当了"国际执法者"的角色，对参与该组织招投标项目的企业进行合规治理，并将合规作为一种"国际执法激励机制"。在这方面，最为典型的是以世界银行为代表的国际金融机构。

世界银行对参加投标竞标的企业存在腐败、欺诈、串通、施加压力、阻碍等不当行为的，可以实施连带制裁和联合制裁。但是，涉案企业只要没有实施特别严重的违规行为，就有机会通过重建诚信合规体系来解除制裁。《世界银行集团诚信合规指引》是一部由世界银行发布的有效合规标准。被制裁企业需按照这一合规指引的要求，建立或完善企业的合规体系，才有可能获得解除制裁的机会。

总的来说，合规管理的国际化，对企业治理产生了深远影响。在美国合规制度的推动下，许多国家纷纷采纳合规治理机制，将其应用于反腐败、反洗钱、反垄断、数据保护、出口管制等诸多领域。国际组织发布的合规标准和指南，为企业提供了建立和完善合规体系的指导。此外，国际金融机构，如世界银行，通过对参与招投标项目的企业实施合规治理和制裁，使合规成为国际执法激励机制。在全球范围内，这些国际合规实践和监管方式已经逐渐成为一种普遍的治理机制，对于提高企业的诚信度和可持续发展能力具有重要意义。

（三）合规管理在中国的发展

在过去的十多年里，合规管理在中国取得了显著的进展。从最初的反商业贿赂合规，到银行、保险与证券合规，再到国家标准的合规管理体系指南的颁布以及国有企业合规，合规管理已经逐渐成为中国企业风险管控的重要组成部分。下面我们来回顾一下中国合规管理的发展历程，以及当前的发展态势。

1. 合规在中国的起源：商业贿赂治理

在中国，合规管理这一概念自身也在不断地演变与发展。国内真正的合规，首先是在治理商业贿赂领域出现的。

1993年，《反不正当竞争法》的颁布标志着合规制度在法律层面上首次明确禁止商业贿赂。2017年，对《反不正当竞争法》进行了修订。其中第七条第三款规定："经营者的工作人员进行贿赂的，应当认定为经营者的行为；但是，经营者有证据证明该工作人员的行为与为经营者谋取交易机会或者竞争优势无关的除外。"这一规定，堪称当前中国唯一一款具有高级别法律效力且符合合规激励原理的法律条文。

2. 金融行业的合规之旅：从银行业到保险业再到证券业

在探寻我国金融行业合规建设的历史时会发现，中国金融业的合规建设与美国、欧盟等国家颇为相似，早已开始了系统性的合规建设。借鉴巴塞尔银行监管委员会《合规与银行内部合规部门》的高级文件，自2006年以来，我国银监会、保监会[1]、证监会等监管部门相继发布了一系列合规管理指引。

2006年，银监会发布了《商业银行合规风险管理指引》，强调加强商业银行的合规管理。这一指引将合规管理确立为商业银行核心的风险管理活动，其理念在当时乃至现在看来，都是非常先进的。

2007年，保监会在总结之前实践的基础上，颁布了《保险公司合规管理指引》。2016年，中国保监会再次颁布《保险公司合规管理办法》，取代了原先的《保险公司合规管理指引》，推动保险公司合规管理工作再上新台阶。

2008年，在金融监管体系中发挥着关键作用的证监会，发布了《证券公司合规管理试行规定》。该规定强调证券公司的合规管理应覆盖公司所有业务、各个部门和分支机构、全体工作人员，贯穿决策、执行、监督、反馈等各个环节。

---

[1] 银监会和保监会已于2018年4月合并，合并后全称为中国银行保险监督管理委员会，简称"银保监会"，属国务院直属事业单位。

2017年，证监会着眼于行业发展，重新颁发了《证券公司和证券投资基金管理公司合规管理办法》，以此取代之前的《证券公司合规管理试行规定》。而在2020年，证监会又一次对《证券公司和证券投资基金管理公司合规管理办法》进行了修正，以适应时代发展的需要。

回顾这段历史，可以看到中国金融行业合规建设的脉络清晰地展现在我们面前。从银行业到保险业，再到证券业，我们见证了合规管理在中国金融行业的不断深化与完善。

3. 合规管理标准的演进：中国企业迈向更高水平

2017年12月，中国迎来了合规管理领域的重要历史时刻。国家标准GB/T 35770-2017《合规管理体系 指南》（已废止）正式发布，自2018年7月1日起实施。这一国家标准的颁布标志着中国在合规管理方面迈出了坚实的一步。

然而，有关合规的国家标准，与国际标准的接轨并没有止步。2022年10月，在吸收国际先进经验的基础上，中国再次发布了GB/T35770-2022/ISO37301:2021《合规管理体系 要求及使用指南》，取代了此前的GB/T35770-2017标准。这一新标准等同于采用了ISO37301:2021《合规管理体系 要求及使用指南》，融会了国际上广泛认可的合规管理最佳实践。该标准的发布，为境内企业加强合规、提升合规技能、建设合规体系提供了系统的指南。这一标准的实施，激发了企业将合规管理体系作为一种管理体系认证的热情。

4. 国有企业合规：大合规的崛起

2017年，原中央全面深化改革领导小组[1]，在其第三十五次会议上，通过了《关于规范企业海外经营行为的若干意见》等重要文件。该意见明确指出，必须加强企业海外经营行为的合规制度建设。这一高级别官方文件的发布，为国有企业合规管理的体系性发展，注入了强大动力。

---

1 2018年改为中央全面深化改革委员会。

2018年，中兴通讯事件的爆发及解决，再次提醒国内企业高度重视境外合规。然而，仅关注境外合规远远不够，更应强化整体的合规管理体系建设。为此，国务院国资委于2018年11月颁发了《中央企业合规管理指引（试行）》，12月，发改委等多部门，又联合颁发了《企业境外经营合规管理指引》。这两项指引为中央企业和地方国有企业的合规管理建设提出了具体要求，并提供了原则性的操作指南。随后的一年至两年，各省国资委纷纷参照中央企业合规管理指引的内容，印发了本省的省属企业合规管理指引。于是，大型国有企业推动合规管理体系建设逐渐成为一种趋势。

国有企业合规的一个显著特点，便是其被誉为"大合规"。首先，"大合规"将企业经营管理过程中所有可能遇到的合规风险，从市场交易、安全生产、产品质量、劳动用工、知识产权等方面，到网络安全、反垄断、出口管制、经济制裁等领域，全面涵盖在内。其次，"大合规"将企业所有员工的行为纳入合规管控范围，包括企业高管、部门主管以及基层员工。最后，尝试将合规与监察、审计、法律、内控、风险管理等相关部门进行协同。

这一历史阶段，国有企业合规管理的大幕拉开，展现了中国在合规建设方面的决心与实力。在这一时代背景下，国有企业合规建设的成果，将为国家的繁荣与发展做出更大的贡献。

5. 刑事合规：中国特色的企业合规不起诉制度

在中国合规发展的历史中，刑事合规作为一个重要部分不容忽视。在国内，引入刑事合规概念主要体现为最高人民检察院主导的针对企业涉案后的相关处理。2020年3月，最高人民检察院在全国6家基层检察院开展合规不起诉改革的试点工作。2021年4月，最高人民检察院发布《关于开展企业合规改革试点工作的方案》，进入第二阶段的企业合规改革试点工作。

所谓"企业合规改革试点工作",《关于开展企业合规改革试点工作的方案》给出了明确的定义,即"检察机关在办理涉企刑事案件时,在依法作出不批准逮捕、不起诉决定,或者根据认罪认罚从宽制度提出轻缓量刑建议等的同时,针对企业涉嫌具体犯罪,结合办案实际,督促涉案企业作出合规承诺、并积极整改落实,促进企业合规守法经营,减少和预防企业犯罪,实现司法办案政治效果、法律效果、社会效果的有机统一"。

2021年6月,最高人民检察院与司法部、财政部、国资委等多个监管部门联合印发《关于建立涉案企业合规第三方监督评估机制的指导意见(试行)》,其核心宗旨在于:"在依法推进企业合规改革试点工作中建立健全涉案企业合规第三方监督评估机制,有效惩治预防企业违法犯罪。"

这是一项具有中国特色的"企业合规不起诉制度",在检察机关的积极探索下,引领着中国企业合规建设朝着新的方向迈进。

6. 法治央企建设之路:协同法律、合规、风险与内控

在合规管理的发展历程中,中国企业,特别是中央和地方国有企业,始终面临着如何与原有的法务管理、内部控制以及全面风险管理工作进行协调、统筹和融合的问题。国务院国资委很早就意识到了这一问题。2015年12月,国资委发布了《关于全面推进法治央企建设的意见》,明确要求央企"探索建立法律、合规、风险、内控一体化管理平台"。这为法务、合规、内控、风险等方面的协同管理提出了初步要求。

2019年10月,国资委在发布的《关于加强中央企业内部控制体系建设与监督工作的实施意见》中,提出"央企要建立健全以风险管理为导向、合规管理监督为重点,严格、规范、全面、有效的内控体系,实现'强内控、防风险、促合规'的管控目标"。这为建立统一的合规、内控、风险一体化管理体系提供了一定的路径指引。

2020年6月,国资委在发布的《关于对标世界一流管理提升行动的通知》中,要求央企"构建全面、全员、全过程、全体系的风险防控机制"。这为实现合规、内控、风险一体化管理体系提出了更高的期望。

2021年5月，在国资委举办的"法治央企建设媒体通气会"上，国资委副主任表示，许多央企正在探索构建法治框架下的法律、合规、风险、内控协同运作机制，着力打造"法律合规大风控管理体系"。协同这四者的关系，构建"大合规、大风控、大法治"，已成为当前大型企业进行合规管理建设的热点话题。

综上所述，从反商业贿赂合规的起源，到金融行业的合规建设，再到合规管理体系的国家标准建立和国有企业的大合规，以及涉及刑事合规的探索，中国合规管理已经取得了显著的成就。随着中国政府对合规管理的重视和相关法规的完善，未来中国的合规管理将更加成熟、系统，企业合规逐步走向规范化和体系化。

本章小结

在本章，我们向初涉合规领域的读者介绍了合规的一些基本概念，并全面梳理了企业合规在近70年的发展历程。

合规管理体系的目标是引导企业满足所有合规要求；而合规，则是驱动组织履行所有合规义务的过程。

在企业中存在着多种达成合规的途径。例如，基于法律顾问服务的自救式合规、依赖内部控制体系的自控式合规、根据法律风险管理体系的自护式合规，以及构建正式的合规管理体系——自律式合规。

所有其他的合规方式，都可以根据主客观需要按照正式合规管理体系构建的要求和路径，过渡发展为自律合规方式的形态。

本章中，我们还详细追述了企业合规的起源及其演变过程，以帮助读者理解为什么我们今天处于一个企业普遍需要合规管理体系的时代。

所有这些知识和信息为我们即将开始的下一章——正式合规管理体系的构建——打下了坚实的基础。接下来，我们将开启探索正式合规管理体系的建立、实施、维护和持续改进之旅。

第二章
自律合规方式：理论与实践的碰撞

没有实践的理论是空洞的，没有理论指导的实践是盲目的。

——弗拉基米尔·伊里奇·列宁

本章内容，是针对各类企业（其规模或性质）在以下典型情境或实际需求所作的解答和指导：

1. 尚未建立正式合规管理体系的企业，想按照国内外权威标准和指南，创建一个符合标准要求并具备全面功能的合规管理体系；

2. 已拥有正式合规管理体系的企业，想理解其实施原理并付诸实践；

3. 已拥有正式合规管理体系的企业，想了解维护体系的方法和建议，并付诸实际维护；

4. 已拥有正式合规管理体系的企业，想通过持续改进的方式不断提高企业的合规效果（包括合规绩效和合规管理体系的有效性）。

本章的内容结构，也是按照上述四种需求进行组织和安排的。

第一节，将探讨如何依据国内外正式标准和指南，从零开始构建一套正式的企业合规管理体系；

第二节，将聚焦于如何实施已经建立的正式合规管理体系；

第三节，将讨论如何进行合规管理体系的有效维护；

第四节，将专门探讨如何对已有的正式合规管理体系进行持续改进。

通过本章的深入探讨，您将与我一同踏上一段理论与实践相交融的合规管理之旅。自律式合规，正是从正式的合规理论出发的；其坚实地建立在符合国内外最新要求的合规管理体系标准基础之上。

第一节 建立

千里之行,始于足下。

——老子

一

现在,假设读者已经理解合规管理体系对企业的重要性了,再假设读者所在的企业,现在希望从零开始建立一个符合最新国际标准的合规管理体系。此时,读者心中最大的疑虑通常有两个:其一,是想了解一个符合标准的合规管理体系,它的基本定义是什么;其二,则是希望了解应该如何逐步建立起这样的体系。

本节内容,正是全面回答以上疑问的。

对于第一个疑问,合规管理体系到底是什么?这里有摘自ISO37301附录中的最正式的回答:

合规管理体系是一个框架,该框架是基本结构、方针、过程和程序的有机组合,其目的是实现预期的合规结果,并发挥作用以预防、发现和响应不合规。

以上文字中的"体系"和"框架",是在合规管理中用于指导、协调和规范组织行为的整体结构。它们是由互相协作和互相影响的部分构成的,这些部分包括政策、程序、流程、人员和技术等不同的元素。这些元素需要协同工作,以确保组织的行为符合法律法规和行业标准。例如，在一家制药公司中，研发部门、生产部门、销售部门以及质量保证部门都有各自的职责和流程，但所有这些部门必须在一个整体的合规管理体系或框架下工作，以确保公司的活动、产品和服务满足所有的合规要求。

"基本结构"是组织内部的规章制度、责任分工和决策机制等要素，这些要素共同支撑了合规管理体系的有效运行。以一个大型企业为例，其基本结构可能包括一个专业的合规团队和根据企业治理方式的需要成立的合规委员会，以及在各个业务部门设置的合规职责人员。

"方针"是指组织内部的合规意图和方向，是实现合规目标的指导原则和行动指南。比如某个公司的方针明确规定，要严格遵守所有适用的国内外法律法规，并承诺对任何不合规行为进行严肃处理。

"流程和程序"是组织内部用于确保合规的具体操作步骤和方法。例如员工的合规培训程序、内部审核流程，以及对不合规行为的调查和纠正程序等。

"有机组合"意味着这些元素并不是孤立存在的，它们相互关联，共同作用，形成一个完整而有生命力的框架。比如某公司的合规方针需要通过流程和程序的执行来实现，而流程和程序的运行又需要基本结构的支持。

"合规结果"是企业通过执行合规管理体系实现的目标状况，包括但不限于遵守相关法律法规，减少合规风险，提升企业声誉等。以一家医疗设备制造公司为例，其预期的合规结果包括产品满足所有适用的医疗设备法规、减少产品责任诉讼，以及提高市场对其产品的信任度等。

"不合规"是指企业的行为或结果违反了被企业识别为合规义务的相关法律、规定或标准。例如，一家制药公司如果未按照医药行业规定进行临床试验或者错误地推广其产品，这就是不合规的行为。对于这种行为，公司需要采取预防、发现和纠正措施，防止其发生和产生不良影响。

"预防、发现和响应不合规",是合规管理体系的关键功能。

"预防"是指通过制定和实施合规政策和程序,以降低不合规行为发生的可能性。比如公司定期进行合规培训,以确保员工了解并遵守相关的法规和公司政策。又如公司还建立了一个合规风险评估机制,来识别、分析和评价潜在的合规风险,并制定应对措施。

"发现"是指通过监视、测量、分析和评价,及时发现可能的不合规行为。比如公司定期收集与反馈合规绩效信息、进行内部流程审计,以发现可能的不合规行为或漏洞;公司还设立了一个内部举报系统,鼓励员工报告可能的不合规行为。

"响应"是指在发现不合规行为后,采取适当的行动来处理,包括调查不合规行为的原因,对相关人员进行处罚,修复由不合规行为导致的损害,并改进公司的合规政策和程序,以防止类似的不合规行为再次发生等。

二

第二个疑问,企业如何从零起步建立起符合最新国际标准的合规管理体系?

简洁的回答是,企业需先了解最新国际标准下的合规管理体系要件,然后根据所需的要件制订建设方案,最后执行方案以实现合规管理体系的构建。

在这里,读者可能会遇到三个问题,第一,什么是最新的合规管理体系国际标准?第二,根据这个标准建立的合规管理体系需要包含哪些核心要件?第三,企业根据以上标准及其要件,制订的合规管理体系建设方案大概是什么样的?

下面我们一一作答。

三

最新合规管理体系的国际标准是什么？

最新标准是《合规管理体系 要求及使用指南》（ISO37301-2021，以下简称ISO37301），这是国际标准化组织于2021年4月发布的最新标准，用于取消和替代此前的《合规管理体系 指南》（ISO19600-2014）标准。国家市场监督管理总局、国家标准化管理委员会于2022年10月发布了等同于ISO37301国际标准的国家标准《合规管理体系 要求及使用指南》（GB/T35770-2022），以替代此前的《合规管理体系 指南》（GB/T 35770-2017）及《合规管理体系 指南》（ISO19600-2014，以下简称ISO19600）。

ISO37301和ISO19600这两个标准之间的主要和最重要的区别是，ISO19600仅提供建议，而ISO37301则规定了构建合规管理体系的要求，并提供了相关使用指南。也就是说，ISO37301是一个可认证的"要求类"标准，而不是"指导类"或"相关类"标准。它全面展示了建立、开发、实施、评价、维护和持续改进合规管理体系的规范方法。

那些之前已经建立了基于ISO19600-2014标准的合规管理体系的企业，可以参照ISO37301-2021标准，把以前企业的合规管理体系平稳地迁移、过渡到符合最新标准的体系。

同样道理，虽然本节所参考的是ISO37301-2021国际标准，但未来如果这个标准升级了，读者的企业还是可以参照本书各章节的内容，平稳过渡到符合新标准的体系的。

四

根据上述最新相关标准建立的合规管理体系中，必须包含的要件有哪些？

GB/T35770-2022/ISO37301-2021国家标准，在其引言中就用了一张图概括了合规管理体系的要件，如图2-1所示。

第二章 自律合规方式：理论与实践的碰撞

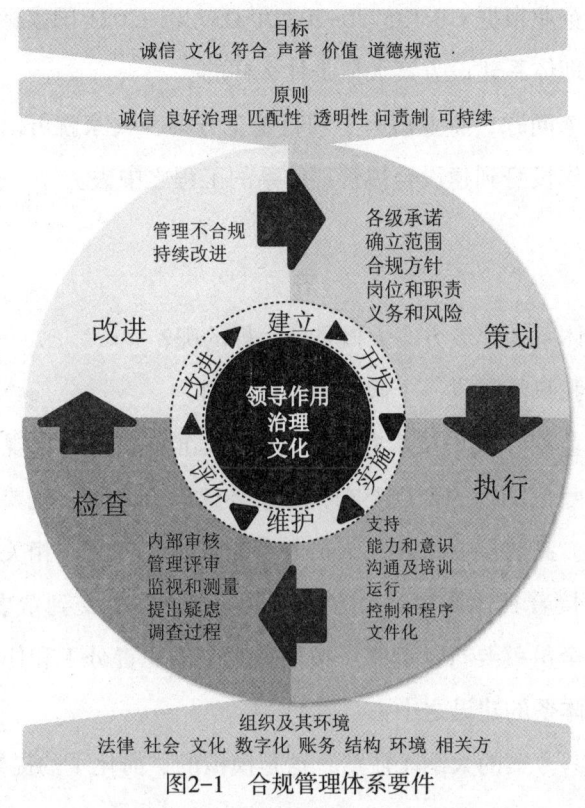

图2-1 合规管理体系要件

本书将围绕图 2-1 这张极具参考价值的图示展开论述。它不仅汇总了合规管理体系中所有核心要件，还展示了它们的作用及其之间的相互关系。最重要的一点是图 2-1 融入了 PDCA〔Plan（策划）、Do（执行）、Check（检查）和 Act（改进）〕持续改进模型，以此揭示出企业的合规管理体系是一个可以持续循环运行的框架，能在绩效管理的视角下实现自身的持续优化和提升。

在本节后面的内容中，将分主次讲解或介绍图 2-1 中的要件，讲解如何创建、开发这些要件，展示企业中各级人员投入这场建设合规管理体系的过程。最终，待所有要件一一就位，企业的合规管理体系也就初步建成了。

但是在讲解如何构建所有这些要件之前，首先要回答之前所提到的第三个问题——企业根据 GB/T35770-2022/ISO37301-2021 国家标准中要件所制定的合规管理体系建设方案大概是什么样的？

回答了这个问题，企业就有了项目施工方案，大家就可以照着这样的方案，分工协作投身到建设合规管理体系的工程之中去。

五

合规管理体系的建设方案大概是什么样的呢？

在这里，我只能提供一个假设的方案提纲。

有一家企业叫"大华技术有限公司"，其准备建设的合规管理体系要符合国内和国际范围内的合规要求，在设计建设方案时，就要考虑到企业的许多特殊性。高管层要求相关人员着手制订这个方案，相关人员首先要出一个大纲，接着具体撰写这个方案，最后把方案提交到董事会去审批，批准后，企业全员就要行动起来，按照方案中的职责分工和任务要求，参与到合规管理体系的建设之中去。

下面是这一方案的大纲（注意，这是模拟的、简化了的提纲）：

1. 总则

1.1 总体目标

— 诚信

— 文化

— 符合

— 声誉

— 价值

— 道德规范

1.2 总体原则

— 诚信

— 良好治理

—— 匹配性

—— 透明性

—— 问责制

—— 可持续

2. 组织及其环境

2.1 了解内外部相关事项

2.2 理解相关方的需要和期望

3. 领导作用、治理和文化

3.1 证实领导作用和承诺

3.2 确立合规治理机制

3.3 建立合规文化

4. 策划

4.1 各级承诺

4.2 确定合规管理体系的范围

4.3 制定合规方针

4.4 确认岗位、职责与权限

4.5 识别义务与评估风险,并设立相应识别评估机制

4.6 策划风险应对措施

4.7 合规目标及其实现的策划

5. 执行

5.1 建立支持机制

5.2 能力匹配和意识培养

5.3 制订沟通和培训计划

5.4 设计运行机制

5.5 确立控制和程序

5.6 文件化信息的创建与控制

6. 检查

6.1 建立内部审核机制

6.2 制定管理评审流程

6.3 设计监视和测量合规绩效的机制

6.4 设立提出疑虑的渠道和处理流程

6.5 确立并维护调查过程

7. 改进

7.1 制订持续改进计划

7.2 设立对不符合或不合规的响应机制

8. 总结

六

"大华技术有限公司"的合规管理体系建设大纲，无疑是一项大规模且复杂的任务，它需要各个角色的密切配合和协同努力。

接下来，我将按照以上大纲的顺序详细讨论各项任务。对于容易理解的部分，我将简单地过一遍；而对于较为复杂的部分，我会进行更深入的讨论。

（一）方案中"1.总则"部分

设定总体目标和总体原则是大华公司构建合规管理体系的基调，它们为公司指明合规方向，引导策略制定，规范合规行为，并提供评估合规效果的依据。

1. 方案中"1.1 总体目标"部分

诚信、文化、符合、声誉、价值、道德规范。

建立合规管理体系意味着建设一个诚信组织，融入企业文化并发挥文化对合规的作用，确保措施的合理性和符合相关要求，维护企业良好声誉，创造和保护企业价值，遵守社会道德规范。

2. 方案中"1.2 总体原则"部分

诚信、良好治理、匹配性、透明性、问责制、可持续。

诚信是合规管理体系的目标，也是一项原则，良好的治理则是合规管理的组织力量布局和工作推动机制，与相关标准要求和企业实际需求的匹配性和体系的透明性更能彰显其适应性及公信力，从而提升合规竞争力。问责制的建设和可持续性要求，让合规管理体系更能有效地防范合规风险，具有强大的生命力。

（二）方案中"2.组织及其环境"部分

1. 方案中"2.1 了解内外部相关事项"部分

为全面理解大华公司及其环境，公司需要评估可能影响合规管理体系的多种内外部因素。具体因素包括以下几个方面。

（1）业务模式：涉及大华公司的战略、业务性质、规模、复杂性以及可持续性等方面。

（2）第三方业务关系：指大华公司与供应商、分销商等第三方的合作性质和范围。

（3）法律和监管环境：包括大华公司运营所在地的法律法规和监管要求。

（4）经济状况：涵盖大华公司所在市场的经济形势和趋势。

（5）社会、文化、环境背景：考虑大华公司业务发展受到社会价值观、文化特点、环境因素等的影响。

（6）内部结构和资源：涉及大华公司的组织架构、策略、流程、程序及其技术资源等方面。

（7）合规文化：指大华公司的合规意识和行为习惯，反映在企业文化和职员行为规范中。

需要说明的是，在上述讨论的内外部因素中，最明确的合规义务来自大华公司运营中所处的法律和监管环境。然而，义务或风险也可能来源于其他上述提到的因素，甚至还应考虑普遍接受的最佳实践和可能影响企业发展的未来趋势。

以上讨论的内外部因素并不详尽，可能还有其他相关的因素尚未被考虑，这些因素可能会随时间变化，从而带来合规上的潜在风险。例如，一个值得关注的方面是数字化对合规管理的影响，所涉及的内外部因素包括以下几个方面。

（1）业务模式：随着数字技术的应用，传统的业务模式和场景正经历数字化转型，涉及交易的签约、交付和支付，完全或很大程度上通过数字化方式完成。消费互联网和产业互联网形成了大型的交易平台。

（2）与第三方业务关系的性质和范围：不同的交易平台可能会涉及不同的业务关系，这些业务关系可能会涉及各种电子化和数字化的交易规范。

（3）法律和监管环境：新的交易规范（包括法律和法规以及商业惯例）随之形成，通过立法或其他形式被采纳并运用于经济活动中，例如《中华人民共和国民法典》在合同编里增加了有关电子合同的法律规定，以适应数字经济的发展。此外，美国、欧盟和我国关于数据的法律法规以及各种规范指引，包括平台经济的反垄断指引、数据出境安全评估指南等，都构成了法律和监管环境新的内容。

（4）经济状况：随着数字经济的发展，新的业务模式和规范的产生，势必产生新的合规义务和合规风险。

（5）内部结构、方针、过程、程序和资源，含数字化技术：组织应基于其数字化的业务模式识别合规义务，对合规风险进行评估并策划如何应对合规风险。同时，组织在建立、开发、实施、评价、维护和改进合规管理体系时，宜合理应用数字技术，提升合规管理体系的有效性。

2. 方案中"2.2 理解相关方的需要和期望"部分

"相关方"有时也被称作"利益相关方"，可分为外部相关方和内部相关方两大类别。

外部相关方包括政府及其机构、监管机构、客户、承包商、供应商、第三方中介机构、所有者、股东、投资者、非政府组织、社会和社区团体，以及业务伙伴等。

内部相关方则包括治理机构、管理层、员工，以及内部职能部门，如风险管理、内部控制、内部审核和人力资源等。

在建立合规管理体系的过程中应考虑相关方。企业应当识别并确定以下三个要素：

（1）识别出合规管理体系的所有相关方；

（2）了解并记录这些相关方的具体需要和期望；

（3）确定哪些需要能够并将会通过该合规管理体系得到有效解决。

（三）方案中"3.领导作用、治理和文化"部分

这部分要完成的任务，分别是证实领导作用和承诺、确立合规治理机制，以及建立合规文化。

一般来说，"领导作用"主要指的是治理机构和最高管理者在组织的合规管理体系中所起的主导和引领作用，而"承诺"则主要是指治理机构和最高管理者对于合规管理的决心和保证。

1. 方案中"3.1 证实领导作用和承诺"部分

在方案的这一部分，大华公司的治理机构和最高管理者的责任众多，他们应通过以下方式，表现出他们对合规管理体系的领导作用和承诺：

——确保制定的合规方针和目标与公司战略保持一致；

——将合规要求整合到公司的业务过程中；

——提供合规管理所需的资源；

——针对合规管理的重要性进行沟通；

——确保合规管理体系能达到预期的效果；

——指导和支持员工为提升合规管理体系的效果做出贡献；

——推动持续改进；

——支持其他相关岗位履行其合规职责；

——建立和坚守公司的价值观；

——确保制定并执行旨在实现合规目标的方针、流程和程序；

——及时获取和处理合规事件，包括不合规情况；

——维护合规承诺，并妥善处理不合规行为；

——确保工作职责中明确合规责任；

——任命或提名合规团队；

——确保设立了对疑虑提出和解决的机制。

2. 方案中"3.2 确立合规治理机制"部分

确立合规治理机制，表明大华公司治理机构和最高管理者应确保下列原则得到实施：

——合规团队能直接接触治理机构；

——合规团队的独立性；

——合规团队具有适当的权限和能力。

以上合规治理机制，旨在保证大华公司的合规团队有足够的资源，来支持组织不受限制地执行合规管理体系的必要工作和职责，包括获得技术，以使合规管理体系能全面和有效地支持组织实现其合规目标。

3. 方案中"3.3 建立合规文化"部分

建立合规文化，意味着大华公司需要在各个层级内部建立并维护一个以合规为核心的文化环境，并将这种文化有机地融入公司原有的文化中。

治理机构、最高管理者和所有管理者在这个过程中发挥着关键作用，他们应对整个组织所需遵循的共同行为准则做出积极的、明确的、一致的、持续的承诺。比如，大华公司的高层领导，在具体的管理实践中，都会把合规放在重要的位置，表示他们坚决遵守法律法规和公司规定，并对相关合规管理工作提供各种保障。

最高管理者还有责任鼓励并支持符合合规要求的行为，同时坚决阻止、不容忍任何可能损害合规的行为。比如在大华公司，如果员工发现并报告了某些不合规行为，他们将受到表扬和奖励。如果员工违反了公司的合规政策，他们将会受到严厉的处罚。

（四）方案中"4.策划"部分

在策划阶段要做的事情，是建立从合规目标到其实施之间的桥梁。

策划需要在一定的合规环境和基础条件下进行，因此它不能仅停留在纸面上，可能还要包括一些具体的活动，比如各级承诺和对合规义务的有效识别，以及对合规风险全面评估方案的有效设计与活动展开。

1. 方案中"4.1 各级承诺"部分

这部分的活动，是建立合规管理体系的承诺机制。

比如在大华公司，合规的承诺源自治理机构和最高管理者，然后贯穿整个组织的每一个职能和层级。

如下文 4.7 中描述的那样，大华公司将确立各相关职能和层级上的合规目标，这就意味着公司的合规承诺，同时被有序地分解和扩散至各项职能和不同层级中去。

以一个具体的例子来说，设想大华公司的治理机构制定了一项新的环境保护政策，这项政策在最高管理层得到了坚定的承诺。为了具体体现这一承诺，最高管理层明确承诺将执行和支持这项新的政策。

随后，这个承诺就会被分解到各个职能和层级中去。生产部门需要制定和实施一套新的生产流程，以减少污染物的排放，每位负责人都将签署一份承诺书，表明他们会负责执行这个新的生产流程。人力资源部门同样会作出相关承诺，并组织合规培训，帮助员工理解和遵守这项新的环保政策，员工在接受培训后，也会签署一份承诺书，承诺他们将遵守新的环保政策。营销部门需要将这项环保政策融入公司的品牌形象中，向客户和公众传达公司的环保承诺，营销部门的负责人也会签署一份承诺书，承诺他们将在公司的品牌传播中，充分展现公司的环保承诺。

在这一过程中，最初的环保承诺，成功地从最高层级落实到了各个职能和层级中去，同时，每一个层级的员工，都通过类似签署承诺书这样的机制，明确表示他们将共同努力，共同达成这个合规要求。

2. 方案中"4.2 确定合规管理体系的范围"部分

确定合规管理体系的范围，是在组织已经理解了组织相关环境及其相关方的需要和期望，甚至初步识别了合规义务，以及对部分合规风险进行了评估之后，确定其合规管理体系的边界和适用性的过程。

确切地说，确定合规管理体系的范围，就是组织确立其合规管理体系所适用的物理边界和组织边界。组织边界含组织内特定单元和特定职能。其中：

—物理边界：通常指的是组织的实际地理位置，比如公司的总部、分公司、工厂、仓库所在地等。这是物理存在的，可以看得见摸得到的位置，例如，如果一个公司在全球有多个分公司或生产工厂，那么这些地理位置就是其合规管理体系可能需要覆盖的物理边界。

—组织边界：指组织结构内的部门或者业务单位，它可能是与特定的业务流程、项目或活动有关的特定部分，如销售部门、采购部门、人力资源部门等职能部门和分支机构。例如，如果一家公司决定对其下属公司进行特别的合规管理，那么这个下属公司就是其合规管理体系的组织边界。

—特定单元：组织中的某一部分，例如一个特定的部门或者团队。比如，一个公司可能选择只在其某个项目团队实施特定的合规管理策略，这个项目团队就是这个合规管理体系的特定单元。

—特定职能：指组织内部的某种特定的工作职责或角色，例如供应链管理、人力资源管理、财务审计等。如果一家公司决定对其供应链管理进行特别的合规管理，那么这个供应链管理就是其合规管理体系的特定职能。

在这个过程中，组织可以根据自身的需要和实际情况，自由和灵活地选择在哪些地方、哪些部门或哪些职能中建立和实施合规管理体系。这种灵活性使得组织能够根据自身的特点和需求，定制出最适合自己需求的合规管理体系。

以大华公司为例，其合规管理体系的范围可能包括公司在全球的各个生产基地，以及供应链管理所涉及的所有领域。

3. 方案中"4.3 制定合规方针"部分

合规方针，在形式上是某种格式的文件，在概念上是组织实现合规目标的关键指导原则和行动承诺。它定义了合规准则和绩效要求，并设定了对行动进行评估的标准。组织的活动和相关的合规义务与合规方针相一致决定了合规管理的有效性。

合规方针需要得到组织的治理机构的认可。其规定应包括以下几条：

—合规管理体系的应用和环境，应与组织的规模、业务性质、复杂度及其所处环境相符；

—合规工作与其他职能（如治理、风险管理、审计和法务）的融合程度；

—管理与内外部相关方关系的基本原则。

合规方针不会是一份独立性文件，应与其他文件（如实施策略和过程）相辅相成。如果有必要，合规方针应翻译成其他语言，以适应不同的工作环境。

制定合规方针时，应考虑以下因素：

—国际、区域或本地的具体义务；

—组织的战略、目标、文化和治理方式；

—组织的结构；

—不合规的风险性质和等级；

—采用的标准、准则、内部方针和程序；

—行业标准。

合规方针可能包含的内容：

—组织的使命宣言；

—总体的方针声明；

—管理战略，以及职责和资源的分配；

—标准合规流程；

—审核、尽职调查和合规实施方案。

4. 方案中"4.4 确认岗位、职责与权限"部分

确认岗位、职责与权限，是建立合规管理体系过程中极其复杂的任务之一，其岗位、职责与权限的范围覆盖组织全体人员，包括4大类别，分别是：（1）治理机构和最高管理者；（2）合规团队；（3）管理者；（4）人员。

（1）治理机构和最高管理者

这里需要注意，最高管理者是指挥和控制组织的一个人或一组人。本书中，"最高管理者"指最高级别的执行管理层。

治理机构和最高管理层应当以身作则，坚定不移地支持合规工作及其管理体系的建设。在大型组织中，通常会设立一位负责全面合规事务的高级主管。这位主管的职责可能包括但不限于管理现有的委员会、组织单元，或负责合规专家的外包工作。此外，这位主管可能还须兼顾其他相关职务或功能，确保合规性工作与组织的其他活动协调一致，从而形成一个全面、有效的合规管理体系。

最高管理者需要激发并维持合规行为，不能容忍任何违反合规的行为。他们需要确保：

—组织的合规承诺与其价值观、目标和战略相一致；

—激励所有员工认识到实现合规目标的重要性；

—创建一个鼓励报告不合规行为且能保护举报者不受报复的环境；

—将合规意识融入组织文化和文化改革中；

—及时发现并解决不合规问题；

—确保运行目标和指标不会妨碍合规行为。

他们还需要定期（比如每季度或每月）监视合规管理体系的绩效，以确保合规管理体系能实现其目标。

（2）合规团队

许多组织有专门负责日常合规管理的专业人员（如合规官），有些还设有跨职能的合规委员会，协调整个组织的合规工作。合规团队会与管理层协同工作。

有些组织并未设立独立的合规团队，而是将这些职能分配给现有职位或外包。

不过，在外包时，组织不应该将所有的合规职能都委托给第三方。即使将部分职能外包，也需要保留一定的管理权，进行适当的监督。

在分配合规管理体系职责时，需要确认合规团队有以下特质：

—诚信，对合规工作有承诺；

—有效的沟通和影响力；

—愿意接受指导和建议；

—能设计、实施和维护合规管理体系；

—在面对挑战时有足够的信心、商业知识和经验；

—以积极、有战略眼光的方式对待合规工作；

—有足够的时间来满足合规工作的要求。

合规团队应该有足够的权限、地位和独立性。权限是指治理机构和最高管理者授予的权力，地位是指其他员工会倾听并尊重他们的意见，独立性则是指合规团队应尽量避免直接参与可能存在合规风险的活动。此外，合规团队在执行职务时应避免利益冲突。

（3）管理者

尽管最高管理者有责任保证组织的合规性，但这并不意味着其他各级管理者在合规管理体系中没有责任。每个管理者都应在合规管理体系中扮演角色，他们的职责应明确定义并写入职位描述。

管理者的合规职责会根据其权力、影响力和其他因素，如组织的性质和规模而有所不同。

（4）人员

所有人员都有责任遵守合规义务，并应报告合规疑虑、问题和漏洞。

员工应了解自己的合规职责，并且需要有效地履行这些职责。为了支持员工的这项工作，合规管理体系会提供必要的支持，例如提供培训、帮助明确方针和程序以及行为规范等。

员工应积极主动地发现并改善自身的不足，以利于合规管理体系的绩效提升。

5. 方案中"4.5 识别义务与评估风险，并设立相应识别评估机制"部分

识别合规义务和评估合规风险，是建立企业合规管理体系的基础。

所识别和评估出的义务和风险，将作为文件化信息予以创建和妥善保存，用以指导企业合规管理体系的建设。

在建立合规管理体系时，识别合规义务和评估合规风险是一个迭代的过程。

识别合规义务并建立机制。

为了建立合规管理体系，组织应将合规义务作为基本出发点。合规义务包含强制性的组织必须遵守的要求，以及组织自愿选择遵守的要求。

强制性的合规要求可能包括以下几点：

—法律法规；

—许可证、执照或其他授权；

第二章　自律合规方式：理论与实践的碰撞

——监管机构的指令、规章或指南；

——法院裁决或行政决策；

——各类条约、公约和协议。

而自愿性的合规要求可能包括以下几点：

——与社会团体或非政府组织的协议；

——与公共权力机构和客户的协议；

——组织内部的要求，如方针和程序；

——自愿的原则或规程；

——自愿承诺的标志或环保承诺；

——由合同产生的义务；

——相关组织和产业的标准。

为确定谁受到这些合规义务的影响，组织应按照部门、职能和不同类型的组织性活动进行合规义务识别。

为使识别合规义务的活动具有持续性，关于法律和其他合规义务变更信息的获取过程，可能包括以下方式：

——被列入相关监管部门的收件人名单；

——成为专业团体的会员；

——订阅相关信息服务；

——参加行业论坛和研讨会；

——关注监管部门的网站；

——与监管部门会面；

——与法律顾问协商；

——关注合规义务来源，如监管声明和法院判决。

在适当的时候，组织应建立并维护一份单独的文件（如登记册或日志），列出所有的合规义务，并确立定期更新该文件的流程。此文件应包括但不限于：合规义务的影响、管理、相关控制以及风险评估。

合规风险评估和机制建立

合规风险评估构成了合规管理体系实施的基础。通过合规风险评估，企业可以了解自身面临的合规风险，从而分配适当的资源和流程来管理这些已识别的风险。

合规风险可以通过不遵守组织合规方针和合规义务的后果，以及违规可能发生的概率来定义。

合规风险包括固有合规风险和剩余合规风险。

固有合规风险，是指组织在未采取任何合规风险控制措施的情况下所面临的所有合规风险。剩余合规风险，是指组织现有的合规风险控制措施无法有效管理的合规风险。

组织应结合违规的根本原因、来源、后果以及发生的可能性来分析合规风险。

后果可能包括：对个人和环境的伤害、经济损失、名誉损失、行政管理变动以及民事和刑事责任。

合规风险识别，包括对合规风险源的识别和对合规风险情况的界定。

组织应根据部门职责、岗位职责和不同类型的组织活动，识别各部门、职能和不同类型的组织活动中的合规风险源。

组织应定期识别合规风险源，并界定每个合规风险源对应的合规风险情况，制定合规风险源清单和合规风险情况清单。

风险评估包括将组织能接受的合规风险水平，与合规方针中设定的合规风险水平进行比较。

在以下情况发生时，应对合规风险进行周期性再评估：

—新的或变化的活动、产品或服务；

—组织结构或策略的变化；

—重大的外部变化，如金融经济环境、市场条件、债务和客户关系；

—合规义务的变化；

——公司并购；

——不合规或近乎不合规。

合规风险评估的详细程度和水平取决于组织的风险情况、环境、规模和目标，也能随着具体的细分领域（如环境、财务、社会）而变化。

基于风险方法的合规管理，并不意味着组织在合规风险较低的情况下就可以接受不合规。这种方法有助于组织集中主要注意力和资源优先处理风险较高的情况，最终覆盖所有的合规风险。

所有已识别的合规风险，都将受到监视和处理。

6. 方案中"4.6 策划风险应对措施"部分

策划风险应对措施的主要目标，是预见可能出现的情况和后果，以此构建一个预防性的策略。这个过程基于合规风险的评估结果，并要求策划以下关键活动：

（1）制定应对这些风险和机会的具体措施；

（2）确定如何将这些措施整合到合规管理体系的过程中并确保其得以实施；

（3）制定评估这些措施有效性的方法。

以大华公司为例，该公司基于合规风险评估结果，确定面临的主要风险和机会，并制定应对措施。这意味着，他们将这些风险应对措施纳入业务决策、内部审计、员工培训和公司政策等方面。此外，他们还设立了一个评价系统，以量化地评估这些应对措施的有效性。这包括定期的内部和外部审计、员工反馈、关键绩效指标(KPI)的追踪等。

7. 方案中"4.7 合规目标及其实现的策划"部分

这里所说的合规目标，指的是包括分解到各层级的具体目标；而对这些目标的实现，指的是达成这些目标所采取的行动步骤。

策划合规目标。

组织应该在各个相关职能和层级上，制定清晰明确的合规目标，这些目标应满足以下条件：

——它们与合规政策保持一致；

——如果可能，它们是可以测量的；

——它们体现了适用的需求；

——它们会被持续监视；

——它们会被广泛沟通；

——如果情况变化，它们会被更新；

——它们作为文件化信息可随时获取。

例如，大华公司制定了一个合规目标：全年有效合规培训的次数。这个目标与他们的合规政策一致，是可量化的，符合适用的需求，会被持续监视，会被全体员工知晓，随时可能更新，并以文件形式储存在公司内部网站上。

策划如何实现合规目标。

在这个阶段，企业就需要确定以下几个方面内容：

——需要完成什么；

——需要什么资源；

——由谁负责；

——在什么时候完成；

——如何评价结果。

比如，为了实现上述合规目标，他们制订出以下计划：提高员工合规培训（需要完成什么），增加培训预算（需要什么资源），由合规部门主管负责（由谁负责），在接下来的一年内实施（何时完成），通过比较培训前后的不合规事件数量来评价结果（如何评价结果）。

（五）方案中"5.执行"部分

在完成前期策划阶段后，就进入了这里的执行阶段。

这个阶段包括两大部分：一是要建立合规管理体系的支持机制；二是

要设计合规管理体系的运行机制。两部分内容各自包含更具体的细节,从而使合规管理体系的实施得以有效落实。

1. 方案中"5.1 建立支持机制"部分

合规管理体系的支持机制包括五项具体的支持内容,分别是资源、能力、意识、沟通和文件化信息的支持。其中,资源包括财务、人力和技术资源,以及获得外部咨询和专业技能的机会、组织基础设施、职业发展情况、技术和关于合规管理与法律义务的同时期参考材料等。

2. 方案中"5.2 能力匹配和意识培养"部分

(1)能力匹配

这里所说的"能力",指的是影响合规绩效的关键技能或才能。

而"能力匹配",则是确保企业能够识别并保证对合规绩效产生影响的关键人员,基于适当的教育、培训或经验,使他们拥有必要的技能,以胜任他们的工作。

为了满足这些能力需求,企业可以通过多种方式,如培训、指导、重新分配工作、招聘或雇佣劳务等,来获取所需的能力。这些方法的选择和实施都需要对其效果进行评估。

为了证明这些能力,应将适当的文件化信息(例如,岗位描述、职位说明)作为证据,方便查询和审查。

以大华公司为例,他们的合规团队必须熟悉相关的数据保护法规。为了确保他们的合规团队拥有这些能力,公司不仅为他们提供了详细的数据保护法规培训,还提供了持续的指导和支持。同时,他们也定期评估这些措施的有效性,以确保团队的能力能够满足公司的合规需求。

(2)意识培养

"意识培养"是指激发和增强员工的合规意识。

在构建合规管理体系的过程中,这一步骤应早早进行,确保所有员工都能轻松访问、使用和理解合规方针。

有许多方式可以增强员工的合规意识，包括但不限于：

—举办培训课程，这可以是面对面的，也可以是在线的；

—让最高管理者与员工沟通，传达合规的重要性；

—提供易于理解和获取的合规参考资料；

—定期提供关于合规问题的更新和最新信息；

—公开承诺和强调对合规的重视；

—加深对合规管理体系的理解，并鼓励员工接受这一系统；

—鼓励员工提出任何有助于改进和优化合规绩效的建议。

这些措施共同形成了一个全面的机制，旨在强化员工的合规意识，使其成为组织文化的一部分。

3. 方案中"5.3 制订沟通和培训计划"部分

（1）设定沟通机制

企业需要根据其合规政策，与所有相关方进行务实而有效的沟通。

为了更好地与这些相关方进行沟通，企业需要分配足够的资源，并安排有相关知识和经验的人员来协调和推动相互之间的交流。

企业可以通过多种方式进行沟通，比如使用网站和电子邮件、发布新闻稿、进行广告活动和定期通信，编制年度（或其他周期性的）报告、组织非正式的讨论会、举行开放日、设立焦点小组（小组访谈）、进行社区对话，以及设立热线电话等。这些方式都有助于推动相关方对企业合规承诺的理解和接纳。

在进行沟通时，企业应坚持公开透明，确保信息的适当性和可信性，保证反馈的及时性和有效性，保证信息的清晰度。

（2）制订培训计划

良好的培训计划能够为员工提供一种有效获取能力的途径，来发现并了解之前可能未被注意到的合规风险。

一个优质的教育和培训计划应具备以下特点：

——以员工的知识和能力差距为基础，有针对性地提供必要的教育和培训；

——具有足够的灵活性，覆盖多种技能，满足组织和员工的不同需求；

——培训计划的设计、开发和提供应由有经验和合格的人员完成；

——尽量用本地语言进行培训；

——定期评估和检验培训的有效性。

有时采用互动式的培训方式是最佳选择。同时，针对已发生不当行为的领域进行特殊培训也是必要的。

培训计划中应包括再培训的内容。若出现以下情况应考虑进行再培训：

——岗位或职责发生变化；

——内部方针、流程和程序进行调整；

——组织结构发生变动；

——合规义务变更，特别是在法律要求和相关方需求发生变化的情况下；

——活动、产品或服务出现变化；

——产生于监视、审核、评审、投诉和不合规的问题，包括来自相关方的反馈。

4. 方案中"5.4 设计运行机制"部分

在建设合规管理体系的过程中，运行机制的设计，将直接影响到企业合规管理体系的有效性。

下面简单阐述为合规管理体系设计运行机制的具体步骤和行动方案，并通过具体案例进行解释。

为合规管理体系设计运行机制，包括制定行为准则、确定运行控制、外包过程的管理，以及对过程的持续监控和评估。

（1）制定行为准则：企业应该制定一套行为准则，它全面阐述企业对合规义务的承诺。这套行为准则应该适用于企业中的所有员工，并且容易获取和使用。这套行为准则将成为合规措施的基础，它应该融入组织的日常运作中，以培养合规文化。

例如，大华公司制定了一套行为准则，其中明确规定员工必须遵守所有与其工作相关的行业标准和法规，包括安全操作、数据记录和报告的规定等。

（2）确定运行控制：在业务工作中，如果缺乏运行控制，可能会导致偏离合规方针或违反合规义务。这些情况可能与所有业务情况、活动或过程（如生产、安装、服务、维护）或承包商、供应商或销售商有关。控制的程度应根据几个因素决定，如职能的重要性或复杂性、不合规的潜在后果、相关的或可用的技术支持等。

以制药公司为例，它需要控制其药品开发过程，以确保所有新药的安全性和有效性。这涉及严格监控实验室的操作过程，确保所有员工都严格遵循适当的研究和开发过程等。

（3）外包过程的管理：如果组织活动中涉及第三方或外包过程，组织需要对其进行有效的尽职调查，以确保组织不会降低对合规的要求和承诺。这包括但不限于对供应商进行审查，确保他们遵守所有相关的法规和行业标准，以及签订明确规定服务提供者合规义务的服务协议。

以零售公司为例，公司需要审查其供应链中的供应商，确保他们遵守所有适用的环境、劳动和安全法规。如果发现供应商违反这些法规，公司需要重新考虑其业务关系，或者与供应商协商改进计划。

（4）对过程的持续监控和评估：一旦确立运行控制和外包过程的管理计划，企业需要进行持续的监控和评估，以确认过程是否按照计划执行，并控制任何计划的变更。对于不期望的结果或影响，企业需要采取应对措施。

例如，一家金融公司需要定期审查其内部控制系统的有效性，包括检查员工是否遵守公司的合规政策和程序，是否存在任何未被察觉的合规风险，以及是否需要进行任何改进。

总的来说，设计运行机制的目标，是建立一套能使企业全面理解并遵守其合规义务的系统，从而减少合规风险，提高企业的整体合规水平。

5. 方案中"5.5 确立控制和程序"部分

企业应实施控制以管理其合规义务和相关合规风险。合规管理体系中的控制和程序，可以帮助企业在履行合规义务和应对合规风险时有章可循，使得企业可以更加准确和及时防止、发现与纠正可能出现的不合规行为。

控制，是组织设置的一系列管理措施，用以减轻合规风险和保证合规义务得以执行。这些控制包括但不限于：清晰实用且易于遵守的文件化记载的运行方针、过程和工作指示，审批流程，分离不相容的岗位和职责，自动化过程，年度合规计划，例外报告，以及人员绩效计划等多种形式。

程序，是规定了特定任务或活动执行方式的一套标准化的步骤。在合规管理的背景下，程序可以帮助组织将合规义务融入日常运营中，使之与其他评审和控制职能保持一致。

在确立控制和程序时，应该注意以下几个方面。

第一，控制的设计应该足够严格，以确保在组织的各种活动和运行环境中都能够履行合规义务。如果可能的话，这些控制应该被嵌入组织的日常过程中。

第二，确立有效的程序时，应考虑将合规义务纳入计算机系统、表格、报告系统、合同等工作流程。同时，应当保持持续的监控和测量，以及评估和报告，确保员工遵循设定的程序。

第三，对于已实施的控制，应进行持续的维护、定期的评审和测试，以确保其能持续有效地降低风险和实现既定目标。

某制造企业在开展业务过程中面临环保合规问题。为了应对这一风险，企业设立了一系列的控制，比如定期的环保合规培训、审批流程、例外报告系统等，以确认是否满足相关法规，并在环保问题出现时，能够快速上报给相关管理人员。同时，企业还设立了明确的程序来处理环保问题。例如当生产过程中产生某种有害物质时，员工应该如何处理，如何报告等。这些程序需要在员工中进行广泛的传播和培训，以确保所有人都能准确执行。

6. 方案中"5.6 文件化信息的创建与控制"部分

企业在建立合规管理体系期间，需要创建、更新和控制文件化信息。

（1）创建文件化信息

首先，企业需要创建一系列关于合规管理体系的文件化信息，其中包括：

①组织的合规方针和程序；

②合规管理体系的目标、指标、结构和内容；

③合规岗位和职责的分配；

④相关合规义务的登记册；

⑤建立合规风险登记册，并根据合规风险评估过程确定相关措施的优先级；

⑥不合规、近乎不合规和调查的记录；

⑦年度合规计划；

⑧人员记录，包括但不限于培训记录；

⑨审核过程、审核时间表及相关审核记录。

这些信息可以通过各种媒介形式生成，涵盖数字化和非数字化的方式。

（2）更新文件化信息

企业应定期评估并更新文件化信息，以反映组织内部和外部的变化，确保信息是现行的和最新的。例如，当有关法律法规发生变化，或组织内部的合规政策有所调整时，相关的文件化信息都应做出相应的更新。

（3）控制文件化信息

首先，应妥善保管信息，防止未经授权的访问或修改。其次，对于可能涉及法律建议的信息，应明确这些信息可能成为法定豁免权的行使对象。最后，企业应确保所有的文件化信息都可以在需要的时候方便地获取。

大华公司正在建立合规管理体系，因此采取了一些步骤创建、更新和控制文件化信息。

第一，大华公司定义并记录了合规方针和程序，如公司对贿赂和腐败的零容忍政策，以及实施这一政策的具体步骤和程序。

第二，大华公司根据实际情况，设定了合规管理体系的目标和指标，例如设定在未来一年内减少合规问题，并记录在文件化信息中。

第三，大华公司明确并记录各个合规岗位的职责，例如合规部门的负责人需要牵头负责监督和执行合规政策，而其他员工有责任遵守这些政策。

第四，大华公司设定了机制，定期更新这些文件化信息，以反映最新的合规要求和政策。例如，如果政府发布了新的反贿赂法规，企业就需要更新其合规政策和程序，以确保与新法规一致。

第五，大华公司设立了控制机制，以妥善保管和控制这些文件化信息，防止未经授权的访问和修改，同时也确保在需要的时候可以方便地获取这些信息。

（六）方案中"6.检查"部分

在建立合规管理体系的这个阶段，需要进行的检查工作包括：建立内部审核机制，制定管理评审流程，设计监视和测量合规绩效的机制，设立提出疑虑的渠道和处理流程，确立并维护调查过程。

1. 方案中"6.1建立内部审核机制"部分

内部审核机制，就是在策划的时间间隔内，实施内部审核。

内部审核的具体目标，是为组织提供关于其合规管理体系的信息，这包括以下几点：

（1）是否符合组织自身对合规管理体系的要求；

（2）是否符合国际或国内合规管理体系标准文件的要求（如符合ISO37301文件的要求）；

（3）是否得到有效的实施和维护。

在建立合规管理体系的内部审核机制时，组织应做到：

（1）策划、确立、实施和维护内部审核方案，这包括频次、方法、职责、策划要求和报告；

（2）根据相关过程的重要性和以往审核的结果，确立内部审核方案；

（3）确保文件化信息作为实施审核方案和审核结果的证据可获取；

（4）确保审核职能免于利益冲突，并保持独立性，以履行其岗位职责。

举例来说，在制药行业中，合规性至关重要。想象一个中型的×制药公司，正在努力确立其合规管理体系的内部审核机制。×制药公司明确规定了内部审核的频次、方法、职责、策划要求和报告。例如，公司决定每季度进行一次全面的内部审核。为此，公司还组建了专门的内部审核团队，对审核员进行了充分的培训，并确立了详细的策划要求和报告格式。

2. 方案中"6.2 制定管理评审流程"部分

管理评审是一种系统性的措施，由治理机构和最高管理者定期组织进行，旨在评估组织的合规管理体系的适宜性、充分性和有效性。

管理评审流程是一个规范化的过程，包括以下几个主要步骤。

（1）确定评审周期：根据组织的规模、业务性质和行业特点，确定合适的管理评审周期。

（2）收集评审输入：在评审开始前，收集包括以往管理评审措施的情况，合规管理体系相关的外部和内部事项的变化，相关方的需要和期望，合规绩效的信息，以及持续改进的机会等方面的信息。

（3）进行评审：在收集到足够的输入信息后，在治理机构和最高管理者的领导下对合规管理体系进行全面审查，以评估其适宜性、充分性和有效性。

（4）提出评审结果：评审结束后，需要提出管理评审的结果，包括针对合规管理体系的持续改进的机会，以及任何需要调整或改变的决定。

（5）实施改进：基于评审结果，组织应采取行动，进行必要的调整和改进，以提升合规管理体系的效果。

管理评审流程是不断循环的，需要定期进行，以确保合规管理体系的持续有效性。

3. 方案中"6.3 设计监视和测量合规绩效的机制"部分

监视和测量合规绩效的机制，是一种制度化的过程，其目的是持续评价和监控组织的合规绩效，确保合规体系的有效性，并实现预设的合规目标。以下是这一机制的主要构成。

（1）确定监视和测量对象：组织需要明确需要监视和测量的内容，这可能包括合规目标的实现情况、合规风险的处理情况、内部审核的结果、管理评审的反馈等。

（2）制定监视和测量方法：组织需要确定适用的监视、测量、分析和评价的方法，以确保结果的准确性。这可能涉及具体的测量工具和技术，以及数据分析和解读的方法。

（3）实施监视和测量：组织需要确定何时实施监视和测量，通常这应是一个持续和周期性的过程。

（4）分析和评价结果：组织需要对监视和测量的结果进行深入的分析和评价，以确定其对合规绩效和合规管理体系有效性的影响。

（5）文件化信息：为了确保过程的透明度和可追溯性，监视和测量的结果需要进行文件化处理，作为证据可获取。

（6）反馈和改进：组织需要根据监视和测量的结果，进行必要的反馈和改进，包括调整合规政策和程序，提高合规团队的独立性，优化合规目标的设定等。

在建立合规管理体系的过程中，通过设立以上机制，组织能持续优化和改进其合规管理体系，提升合规绩效，降低合规风险，从而更好地实现其商业目标和社会责任。

4. 方案中"6.4 设立提出疑虑的渠道和处理流程"部分

在合规管理体系的语境下，什么是疑虑？什么是提出疑虑的渠道和处理流程？

（1）疑虑

疑虑，指对某个行为、决策、政策或过程是否遵循相关的合规方针或合规义务的不确定或怀疑。这包括但不限于以下几种情况。

①违规行为：涉嫌或实际违反法规、政策、程序或行为准则的行为。

②非道德行为：可能不符合道德或道德行为准则的行为，尽管这些行为在技术上可能并未违反任何法律或规定。

③风险行为：可能对组织的合规性、声誉、安全性或其他关键方面产生负面影响的行为。

④疑似欺诈行为：可能涉及欺诈、贿赂、贪污或其他形式的不诚实行为。

⑤缺乏透明度或公正性：可能涉及不公正、偏见、歧视或缺乏透明度的决策或过程。

（2）提出疑虑的渠道和处理流程

提出疑虑的渠道和处理流程，是一种组织内部的制度化机制，旨在鼓励并促进所有人员报告试图、涉嫌或实际存在的违反合规方针或合规义务的行为。

以下是这个机制的构成要件，可根据这样的构成建立该流程。

①提出疑虑的渠道：渠道应在整个组织内可见并可访问，让所有人员

都可以方便地进行报告。这可能包括邮箱、热线、在线报告平台等。

②报告的保密性：组织应尽可能地对报告进行保密，以保护报告者的身份和信息。

③接收匿名报告：组织应当接收并对匿名报告进行处理，以进一步鼓励报告的提交。

④保护报告者免于遭受打击报复：组织应有明确的政策和措施来保护报告者免于遭受任何形式的打击报复，例如，对报复行为的零容忍政策，以及针对报复行为的惩罚机制。

⑤便于人员获得建议：如果人员对是否需要报告或如何报告有疑虑，应有途径可以向组织寻求建议。

⑥人员教育和培训：组织应确保所有人员了解报告程序，了解其自身的权利和保障机制，并能运用相关程序。这可以通过定期的培训和教育活动来实现。

以上整个处理流程的目的，是创建一个公平、公正、透明和无惧的环境，鼓励所有人员积极参与组织的合规管理。

5. 方案中"6.5 确立并维护调查过程"部分

在合规管理体系中，"调查过程"，是指体系中的一套标准化验证疑虑报告内容真实性的步骤和程序，旨在评估、调查涉嫌或实际的不合规情形，得出结论并反馈和报告。这个过程通常涉及以下关键环节。

①评估和评价：对报告的不合规情形进行初步分析和评估，并依照相关要求进行评价，确定是否需要进一步的调查。

②独立调查：调查过程应由具备相应能力并能避免利益冲突的人员进行，以保证调查的公正性和客观性。

③制定结论和决定：基于调查结果，对涉嫌不合规情形做出评价和结论，决定是否需要采取进一步的行动，比如纠正措施或改进计划。

④反馈和报告：定期向治理机构或最高管理者报告调查的次数和结

果，提供有关调查的文件化信息。

⑤改进合规管理体系：根据调查结果，确定是否需要改进合规管理体系，比如修订相关的方针、程序或控制措施。

调查过程旨在确保组织能公平、公正地处理有关不合规的报告，及时纠正错误和解决问题，避免不合规行为的再次发生，持续改进其合规管理体系。

（七）方案中"7.改进"部分

"改进"是指基于对合规管理体系的监测、评估和反馈信息，持续提升合规管理体系的适宜性、充分性和有效性的行动和过程。

1. 方案中"7.1 制订持续改进计划"部分

在合规管理体系中，什么是持续改进？持续改进计划的内容是什么？

（1）持续改进

持续改进是一个不断循环的过程，以提升合规管理体系的适宜性、充分性和有效性。这一过程考虑了组织的内外环境、业务需求和合规义务的变化，通过评估、反馈和改进来适应这些变化。持续改进不仅解决当前的问题，还防止未来的问题，推动组织不断向前发展。

（2）持续改进计划的内容

持续改进计划，其实是一个PDCA过程，可以参照ISO37301内容，理解该计划以下的循环过程：

—评估现状

企业需要定期对合规管理体系进行评估，包括内部审核、管理评审等，确定体系的现状和可能存在的问题。

—获取反馈

企业可以通过员工调查、顾客调查等方式获取反馈，了解合规文化的实施情况，评估控制的强度。此外，提出疑虑、及时调查和定期的监视、测量也是获取反馈的重要途径。

—分析评估结果

企业应根据评估结果，分析合规管理体系的问题和不足，确定需要改进的地方。

—制订改进计划

基于分析结果，企业需要制订明确的改进计划，包括改进的目标、方法、时间表和责任人。

—实施改进

按照改进计划，企业需要采取具体的行动进行改进，并确保改进的过程符合计划。

—评估改进效果

改进后，企业需要再次评估合规管理体系，确认改进的效果是否达到了预期的目标。

—调整改进计划

根据改进效果的评估结果，企业可能需要调整改进计划，以更好地满足合规管理的需要。

—重复以上过程

持续改进是一个循环的过程，企业需要不断重复以上步骤，以实现合规管理体系的持续改进。

2. 方案中"7.2 设立对不符合或不合规的响应机制"部分

在合规管理中，对不符合或不合规的响应机制，是一种组织应对发生的不符合或不合规行为的做法的系统性过程。

设立这样的响应机制，应包括以下要素。

（1）反应并控制：当发生不符合或不合规的情况时，组织首先需要立即做出反应，通过采取控制和纠正措施来控制其影响，同时处理可能产生的后果。

（2）评价和确定原因：组织需要通过评审不符合和/或不合规的情况，

确定产生这些情况的原因。同时，也需要确认是否存在或可能发生类似的不符合和/或不合规的情况。

（3）实施措施：基于对产生不符合和/或不合规的原因的理解，组织需要实施必要的措施来消除这些原因，以防止其再次发生或在其他地方发生。

（4）评审纠正措施的有效性：组织需要对所采取的纠正措施的有效性进行评审，以确保这些措施能够实际解决问题。

（5）如有必要，变更合规管理体系：如果在对不符合或不合规的响应过程中发现了合规管理体系的问题，组织需要对其进行必要的变更。

（6）记录和保留信息：为了证明对不符合和/或不合规的响应，组织需要记录和保存相关信息，包括不符合和/或不合规的性质、所采取的任何后续措施以及任何纠正措施的结果。

总的来说，对不符合或不合规的响应机制是一个综合性的过程，它涉及问题的识别、原因的分析、措施的实施、效果的评估以及必要的改进。

（八）方案中"8.总结"部分

这部分内容，代表了企业根据其特定情况，对建立合规管理体系方案的综合汇总。它可以包括必要的解释、补充信息、时间线，以及全面的总结概括等关键要素，以确保方案的完整性和有效性。

七

本节内容专为那些希望从零开始构建符合最新的国际和国家标准合规管理体系的企业，或者希望全面理解此类建设过程的读者而设计。这里不仅深入解析了合规管理体系的定义和构成要件，还通过一份模拟的合规管理体系建设方案大纲，详细阐述了如何逐步构建并完善自身的合规管理体系的过程。希望本节内容，能够帮助读者获得实质性的启示，明确建立合规管理体系的具体路径。

第二节　实施

组织根据本文件的要求，应建立、实施、维护和持续改进合规管理体系，包括所需的过程及其相互作用。

——ISO37301

一

大华公司刚刚完成了合规管理体系的建立，此时这个体系处于待实施状态。接下来的任务，便是启动并运行这一体系。这个变革将深刻地影响大华公司中每一个人的工作与生活。首先显现出的变化，将是新的职责、权限和合规目标的设定与执行。这些职责、权限和目标，会从治理机构和最高管理者开始，逐级向下落实，无一例外。每个人都将在新的合规环境中重新定位自己的角色，以应对即将到来的新挑战。

在大华公司，治理机构和最高管理层的人员，包括董事会及其委员会成员和以首席执行官为"班长"的高管团队。他们的新责任是确保合规政策的拟定、实施和监督。他们有权对合规团队的工作提出建议并做出决策。他们的合规责任，是在全公司范围内推行合规方针和推广合规文化，确保公司的商业行为与法律法规和道德标准相一致。为了贯彻这样的目标，他们的工作方式发生了改变。比如，每季度，董事会都会召开会议，审查过去三个月的合规报告，并为下一季度明确执行方向。首席执行官有时需要就某一识别出来的合规义务对公司的运营作出重大部署，并就如何调整业务流程进行讨论。

在大华公司，所有的员工都将迎接一个新的部门——合规团队（在大华公司的组织架构中被称为"合规办公室")的诞生。这个新的部门将登上历史舞台，开始积极地履行其职责。作为公司合规管理的核心力量，合规团队主要负责设计和执行公司的合规计划，协调负责或参与风险评估、员工培训、内部审核与管理评审等重要任务。他们对公司内部的各个部门有着合规审查的权利，且在发现公司行为可能存在问题时，有权提出改正意见。他们的首要合规责任是维护公司的合规状态，并持续优化合规计划。

员工们会发现，合规团队的身影无处不在。比如某一天人们看到，合规团队正在牵头负责进行一次公司范围内的合规风险评估。他们深入公司的各个部门，包括销售、市场、人力资源等，检查是否存在违反相关规定行为的可能性。一旦发现问题，他们将会向相关部门提出有关建议，并将它纳入公司风险清单范围予以合理应对。

另一天，合规团队收到了一份来自员工的匿名报告，该报告声称某个部门可能存在财务欺诈行为。面对这种情况，公司立即启动了内部调查，调查团队可能由合规团队成员以及其他专业人员组成，如审计人员或法务人员等。他们将共同工作，收集证据，并确认报告的真实性。在举报事实确认的情况下，他们会与相关人员一道积极采取适当的纠正或处罚措施，以维护公司良好的合规状态。

特别是有一次，因为公司 IT 部门中一名软件工程师被发现在开发过程中使用了未经许可的开源代码，违反了软件著作权法，公司面临违规起诉。合规团队迅速行动，向法庭提交了员工在入职时签署的合规承诺书，该承诺书明确禁止使用未授权的开源代码。此外，合规团队还提供了公司内部对著作权法进行培训的记录，以及合规体系正常化运行的文件化信息记载等，证明公司已经尽到了告知、培训和管理的责任。最终，法院裁定大华公司在此事件中没有违规主观意愿，因为他们已经尽到了应尽的职责。

第二章 自律合规方式：理论与实践的碰撞

有一年年初，合规团队在公司范围内实施了一次全面的合规培训计划。他们通过线上课程和线下研讨会，向员工提供公司合规义务的详细解读，并指导员工如何在日常工作中遵守这些合规要求。每个员工都知道，今后每年的年初，都会有这样一场由合规团队主导的全面培训。如今，合规团队的触角已经深入公司的每个角落。

接下来，我们来看一下各职能部门的情况。这些部门的负责人要保证他们的团队运作符合公司的合规政策。他们有权利制定部门内的操作规程，以确保所有员工都能够遵守。他们的合规职责，是让部门的运作与公司的合规政策完全一致。这些新的责任、权限和目标让他们的日程瞬间变得更为紧凑。

比如某一天，市场部的主管正主持部门会议，讨论如何在即将到来的广告活动中遵守公司的合规政策。他们深入探讨可能存在的风险，并为此制定了详细的操作规程，同时确保所有员工都能理解并遵守这些规程。

在公司的另一处，人们发现人力资源部门主管的工作也变得越来越繁忙。这一天，他正在组织一场新员工入职培训，其中一部分内容是介绍公司的合规政策。他详细地解释了每一项政策，并强调所有员工都有义务遵守这些政策。

镜头再转到技术部门：负责人马先生正专注于研究一份资料。他注意到，新推出的一款产品可能涉及用户隐私的问题，因此他决定主动联系合规团队，讨论如何在产品设计中更好地保护用户隐私，以满足相关规定的要求。

最后，我们来看全体员工：他们每个人都无法置身事外。每个员工都有义务遵守公司的合规政策，并在发现任何问题时及时向上级或合规团队报告。他们的主要合规责任，是确保自己的工作行为符合公司的合规要求。然而，由于他们各自的岗位不同，具体的合规职责也会有所差异。

例如，一名销售员在与客户签订合同时，从客户提出的某些要求中发

67

现公司常用的格式合同可能违反了公司的合规政策。他很机智地立即通过手机向销售部门的主管和合规团队报告了这个情况，这一举动帮助公司规避了潜在的合规风险。

一名客户服务员工接到了一个客户的投诉，客户称公司的一项服务侵犯了其隐私权益。这名员工立刻将这一情况报告给了上级，并将投诉转交给了合规团队，以便进行进一步的调查。

一名采购部门的员工在处理已有的供应商合同时，发现其中的一项条款可能违反反不正当竞争法。他决定暂时停止操作，并立即将这一情况报告给部门负责人和合规团队，这样的决定避免了可能的合规风险。

以上描述只是合规实施的冰山一角，旨在强调公司合规管理体系进入实施阶段之后，会给全体员工的工作带来什么样的变化。合规管理不仅仅是合规团队的工作，而是每个员工、每个部门都需要参与其中。

二

ISO37301文件中说，组织应"建立、实施、维护和持续改进合规管理体系"。那么建立、实施、维护和持续改进之间的区别是什么呢？

我们可以进行一些形象的类比。

假如把公司的合规管理体系比喻为企业中的ERP软件或财务软件的话，那么：

- 建立：就是软件的编程调试阶段；
- 实施：就是把软件正式部署到企业之中，投入使用；
- 维护：就是在软件使用中，对各种问题进行维护（如打补丁）；
- 持续改进：就是软件一次次正式地全面升级。

假如把公司的合规管理体系比喻为机器的话，那么：

- 建立：就是按公司要求制造或组装一套供全员使用的机器系列；
- 实施：就是机器系列在各项工作中正式使用；

◆ 维护：就是对机器进行维修和保养；

◆ 持续改进：就是定期对机器进行升级，比如换大的配件，或以旧换新。

三

企业在成功建立合规管理体系之后，接下来应该启动该体系的全面实施。这意味着需要在企业确定的合规管理体系范围内运用和执行这个体系，以确保体系所涉范围内各个层级、各个部门的运作都能符合既定的合规要求。

企业在此前建立合规管理体系的阶段，核心任务主要在于规划、设计与开发。如调查并确认内外部环境和相关方需求、设定合规管理体系的实施目标、原则、方针和范围、识别公司的合规义务和风险、设定各岗位的职责、权限以及各级合规目标、确定运行机制、治理机制、能力匹配和意识培养机制，以及推进合规文化等，都主要集中在理念和规划设计层面。大多停留在设计规划阶段的任务在物质资源投入上相对较少。

尽管如此，这些在建立阶段的工作，无疑奠定了合规管理体系的基础和框架，使其获得了实质性的存在。然后，在进入实施阶段，所有元素都将需要相应的资源支持，无论是人力资源还是物质资源，例如组建合规团队并对其工作场所、设备和环境进行物质投入；推行沟通和培训机制，包括建立训练设施、采购和制作培训资料、购置在线培训平台；启用文件化信息系统，涉及软硬件设备的采购安装、系统配置和测试；构建内部审核与管理评审机制，需要相应的审核和审计工具和资源；实施合规绩效的监视和测量机制，包括相关设备或软件的购置和设置；进行调查过程，须购置相关工具和设备等。

四

实施合规管理体系，代表着组织在计划、实施、监控、审查以及优化合规政策和流程过程中所展开的一连串有条理且连贯的活动。这是一个持续不断、动态的过程，每个机制的运行都依赖于不同层级和职能部门的共同参与。

以合规义务的识别、维护和更新机制为例，这是构成合规管理体系的基础元素。假设我们以蒙太奇的艺术手法呈现大华公司实施这一机制在合规管理持续动态活动的现场，你可能会在电影屏幕上看到如下画面。

镜头1：法务部的会议室。部门主管正在阅读一份新出台的法规，表情专注。旁边的屏幕上显示着公司的合规义务，其中明确标注了需要遵守所有相关法律法规。镜头过渡，这份新法规被打印出来，整齐地归档到一份厚厚的文件夹中。

镜头2：公关部。一名工作人员正在与非政府组织的代表洽谈一项合作协议。他们对着电脑屏幕，屏幕上是大华公司的合规管理体系要求文件，其中有一项是公司自愿选择遵守的合同义务。

镜头3：各部门主管在一间大会议室里开会。他们正在讨论如何在部门中实施和遵守公司的合规义务，各自依据职能和部门性质，识别影响部门的合规义务。画面过渡到一份详细的合规义务分析报告，上面列出了各个部门、各项活动以及相应的合规义务。这份报告是在合规体系建立期间撰写的。

镜头4：合规部门的一名员工在查看一份电子邮件，邮件来自监管机构，提供了新的合规义务信息。画面切换，他正在一个专业团体的网站上浏览信息，然后又转到一个法律信息服务网站。他在一份表格中记录了这些新信息，并通过公司内部网络系统，将这些信息分享给了其他部门。

镜头5：公司的风险管理团队正在进行一次风险评估会议。他们采用基于风险的方法，优先关注与业务最为相关的合规义务。屏幕显示出一个帕累托图，揭示了各个合规义务所承载的独特重要性。

镜头6：一份详细的合规义务登记册出现在镜头中，列出了大华公司所有的合规义务。镜头过渡，我们看到这个登记册正在被定期更新。其中还包括了合规义务的影响、管理、相关控制以及存在风险的可能性等信息。

镜头7：夜晚，公司总部的一座大楼灯火通明。大华公司的合规管理体系已经进入了实施阶段，每个人都正在按照规定的义务和责任，全力以赴。

五

与识别合规义务同等重要的是合规风险的评估，它与合规义务共同构成合规管理体系的基础元素。如果我们同样以电影蒙太奇的手法呈现大华公司实施风险评估的系列场景，则可能看到如下画面。

镜头1：公司大楼的繁忙大堂，大华公司开始了新的一周。

镜头2：合规团队聚集在会议室，讨论合规风险评估的策略和方法。

镜头3：电脑屏幕显示的图表，展示出各种可能的合规风险和它们可能产生的后果。

镜头4：合规团队成员正在讨论固有合规风险，展示出在未采取任何风险处理措施时可能面临的风险。

镜头5：一个成员在白板上写下了"剩余合规风险"，强调了即使在采取措施后仍无法完全消除的风险。

镜头6：一个焦虑的经理正在和团队讨论可能的合规风险源。

镜头7：团队成员正在电脑上更新合规风险源清单和合规风险情况清单。

镜头8：电脑屏幕显示出与风险评估有关的数据和图表，其中包括组织能接受的合规风险水平和合规政策中设定的合规风险水平。

镜头9：一个团队成员正在向团队介绍新的活动、产品或服务，以及可能引发的风险。

镜头10：一场关于公司结构和战略变化的会议正在进行，成员们正在讨论这些变化对风险评估的影响。

镜头11：团队成员正在研究最近的金融报告，以考虑金融经济环境变化对合规风险的影响。

镜头12：一份新的法规文件正在合规团队中传阅，显示了合规义务的变化。

镜头13：团队在讨论一次最近的并购，以及它可能引发的新的合规风险。

镜头14：一个紧张的场景，团队在处理一次不合规事件，强调了合规风险的实际影响。

镜头15：团队成员正在讨论如何优化资源，以便优先处理更高级别的风险。

镜头16：最后，合规团队成员满意地看着他们的工作成果——一份详尽的风险评估报告，准备迎接新的一周，持续监视和处理所有已识别的合规风险。

六

基于以上两段模拟的实施系列场景，我们可以观察到，合规管理体系的实施阶段，实质上是体系内的具体政策、制度、资源配置和机制进入了动态的、持续的执行和应用状态。

根据ISO37301《合规管理体系 要求及使用指南》的要求，实施合规管理体系涉及多个领域，包括但不限于以下几个方面。

（1）实施政策和制度

合规管理体系已经制定了相应的方针、过程和程序，组织需要致力于实施这些政策和制度，以实现既定的合规目标。

例如，在大华公司，当新的数据保护政策被引入时，IT部门立即开始在系统中实施新的安全控制措施，同时，所有员工接受了关于新政策的培训，以确保他们了解并能按照新的要求进行操作。

政策和制度的实施，具体表现为在日常运营中遵循既定的过程和流程，实施各种合规机制，并按照合规团队及高管团队和治理机构所确立的管理规则进行操作。

例如，财务部门根据新的财务审计政策，严格遵守报告准备和审计的时间表和过程。而销售团队则在与客户签订合同时，始终坚持按照已确定的合规义务和基于风险方法，执行公司的合同审查和批准流程，以避免任何潜在的风险。实施过程中应强调确保合规团队能独立执行其职责，以保证其有适当的权限和能力来执行已经制定的合规政策和制度。

又如，在大华公司的某次合规检查中，合规团队发现销售部门存在一些可能违反公司合规政策的行为。尽管销售团队领导反对此事，但合规团队仍然坚持其独立审查权，并在最后成功纠正了这一潜在的不合规行为。这体现了合规团队对于合规政策和制度执行的独立性和权威性。

（2）资源与人员配置

资源与人员配置是实施合规管理体系的关键步骤，它需要配置足够且适当的资源。

例如，在大华公司的某个项目中，为了满足新的环保法规，公司投入了大量资源研发新的环保技术。这些投入包括购买新设备、培训研发人员以及开发新工艺。这种资源配置使得公司能够符合新的环保法规，同时也增强了公司在环保领域的竞争力。

资源的提供不仅包括物力，还包括人力资源的配置。大华公司会根据项目的需求调整人员配置，确保有足够的人手来实施和维护合规管理体系。

例如，为了保证财务合规，大华公司聘请了一个新的财务合规主管，他在合规管理方面有深厚的专业知识和丰富的经验。这种人力资源的投入有助于确保公司的财务活动符合所有的法规和内部政策。

在聘用人员的过程中，大华公司始终遵守合规的要求。例如，所有应聘者都需要在面试过程中展示他们了解并愿意遵守公司的合规义务、方针、过程和程序。这种做法不仅帮助公司选拔到合规观念强的员工，也进一步强化了公司的合规文化。

（3）履行合规义务与管理合规风险

识别、评估并处理与合规义务相关的风险和机会，是实施合规管理体系的重要组成部分。

以大华公司在欧洲开设新的销售分公司为例，这涉及各种不同的合规义务，包括但不限于当地的商业法律、税收法规、环境保护法规等。大华公司设立了一个专门的团队协调负责识别和评估这些合规义务，同时制定出相应的策略来处理可能出现的风险和机会。

例如，由于欧洲的数据保护法规（GDPR）较为严格，大华公司特别重视处理客户数据的合规风险。为了应对这种风险，公司不仅在数据处理方面制定了严格的内部政策和程序，还投入了资源进行员工培训，确保所有员工都能正确处理客户数据。

同时，大华公司也看到了在欧洲市场遵守环保法规所带来的机会。公司决定投资研发更环保的产品，不仅能满足欧洲的环保法规，还有可能赢得客户的喜爱，提高公司的市场份额。

在这个过程中，大华公司会定期评估已经实施的合规措施的有效性。例如，公司会定期检查员工是否正确遵守了数据处理的政策和程序，也会评估研发环保产品的投资是否带来了预期的回报。这种定期评估使得公司能够及时调整策略，更好地实现合规目标。

（4）培训与教育

组织应定期对有关人员进行合规方面的培训，以提高其合规意识和合规风险防控能力。

在大华公司，由于其跨国经营的特性，公司的员工在日常工作中需要遵守的法规和规范是多元且复杂的。为了确保员工充分理解和正确应用这些规定，大华公司定期组织各种合规培训活动。具体到个别部门，如销售团队，公司会定制一些专门针对反贿赂和反垄断等合规领域的培训，让员工更好地理解这些复杂的法规，并在实际工作中加以遵循。

同时，为了确保这些培训的有效性，大华公司也对培训效果进行了评估。例如，公司在培训结束后会进行问卷调查或小测试，以评估员工对培训内容的理解和掌握程度。如果发现某个培训模块的效果不佳，大华公司会及时调整培训内容或方式，以提高员工的学习效果。这样的培训和评估机制，大大提升了大华公司整体的合规水平和风险防控能力。

（5）合规控制与监管

在合规管理体系中，已经设立了相应的控制和监管机制，包括对过程的控制和合规风险的管理。因此，实施阶段的任务是确保这些机制得到有效执行。

以大华公司为例，其中一个重要的控制机制是对合约进行审查。在新的重要商业合同签订之前，大华公司都会进行详细的合规风险和其他风险评估。这个过程包括检查合同是否符合各类法规和公司的内部政策，包括但不限于反贿赂和反垄断规定。为确保这一过程的准确性和完整性，公司的合规团队将与相关部门密切协作，进行审查，并确保所有的合规审查和其他风险因素审查在合同签订之前业已完成。

对于合规义务和相关合规风险的管理，需要按照预设的机制进行操作，确保控制措施得以有效实施，并进行持续的维护、定期的评审和测试。比如，大华公司设立了一个合规风险监管小组（"合规办"中的一个内设团队），该小组的职责包括定期评估和测试公司的合规风险控制措施，并根据需要进行调整和更新。这个小组会通过合规团队定期向公司高层报告工作情况，以确保合规风险得到有效的管理。

（6）信息收集与处理

在组织的合规管理体系中，已经建立了报告过程，旨在鼓励员工报告违反合规方针或合规义务的行为。

以某医药公司为例,该公司已经在其内部建立了一个名为"诚实之路"的匿名报告平台。该平台鼓励员工报告他们发现的任何可能违反公司合规方针或合规义务的行为。一旦收到报告,公司的合规部门将对报告进行审查,并视情况组织力量进行调查。

在实施阶段,需要积极执行这个过程,对报告的内容进行评估和处理。在接到某次报告后,该医药公司迅速调查了解其中的情况。最终,他们发现了一名销售人员在业务交往中违反了公司的反贿赂政策。于是,公司立即对该员工进行了纪律处分,同时加强了对全体员工的反贿赂教育。

此外,已确立的合规事项报告过程也需得到有效实施和维护,以确保及时获得真实准确和完整有效的信息。例如,该医药公司定期更新并审查其报告过程,以保证过程的有效性和可操作性,并确保所有收到的报告得到适当的处理。

(7)评价与反馈

组织应实施绩效反馈过程,从多种渠道获取合规绩效反馈。

例如,一家全球技术公司,他们在全球范围内建立并实施了一项名为"Compliance 360"("合规360")的绩效反馈系统。该系统通过不同渠道,包括员工自我评估、合规培训的成绩和来自合规团队的定期检查,收集有关员工合规绩效的反馈。

获得绩效反馈后,应对信息进行认真分析和严格评估,以确认不合规的根本原因。比如某次,该技术公司发现其欧洲业务部门在"Compliance 360"的反馈中,存在较高的数据安全合规风险。公司对此进行了深入的分析和严格评估,发现根本原因是员工对数据安全的认识不足和针对性培训不到位。为此,公司加强了其数据安全的培训,并对数据安全政策进行了重点强调,有效降低了数据安全的合规风险。

（8）持续改进

持续改进是提高合规管理体系绩效的 PDCA 循环活动，是保持并提升合规管理体系适宜性、充分性和有效性的关键步骤，是实施的重要组成部分。组织应通过持续的反馈、评估和修正，进一步优化和改进合规管理体系，以达到更高的合规要求和期望。（持续改进，将在本章第四节单独讨论）

七

当企业建立起合规管理体系之后，首次涉及全员的实施，需要有一套明确的指导方案，让企业内的每一个人都明白如何实施合规管理体系。

启动和推广实施的建议步骤如下。

（1）制定实施手册：企业应该制定一本合规管理体系实施手册，内含合规管理体系的实施、维护和持续改进的内容，详细介绍合规体系的目标、原则、实施步骤和流程等信息。这样，企业内的员工就可以参照手册，了解如何实施这套体系。

（2）培训：制定完成实施手册后，企业应当对全员实施培训，详细介绍公司的合规管理体系和实施手册内容。培训应该包括理论教学和实际操作两部分，让员工既了解理论知识，又掌握实际操作技能和技巧。

（3）指导：企业已经设立了独立的合规管理部门——合规团队，他们在实施阶段的职责是协调并监督体系的实施，提供指导和帮助，解决实施过程中出现的问题。

（4）沟通：企业内部已经建立了良好的沟通机制，需要在培训中让员工充分了解沟通机制和文件化信息系统，使他们可以方便地交流自己在实施合规管理体系过程中遇到的问题，从沟通或文件化信息系统中获取及时的帮助和解决方案。

（5）定期审查和改进：企业应当定期审查合规管理体系的实施情况，了解是否存在问题和不足，然后对相关方面进行变更或改进。这样，企业可以不断优化和完善合规管理体系，提高其合规效果。

总的来说，企业内部的每一个人都需要了解和掌握合规管理体系，这样才能确保这套体系的顺利实施。

八

制定实施手册是全面实施的关键步骤。

接下来，我们将呈现合规管理体系实施手册的大纲，大纲内容反映了合规管理体系是一个框架，而实施合规管理体系的实质，就是让框架中可能涉及的人员去运行和执行框架中的各项机制。

各个企业的实际情况和合规需求可能会有所不同，每家企业都可能制定出自己版本的合规管理体系实施手册。然而，有三项主要内容是任何实施手册都建议包含的，它们是：（1）合规框架介绍；（2）各岗位的职责、权限及对应的合规目标；（3）针对本组织的合规义务与合规风险。

（1）合规框架介绍：这部分主要介绍企业的合规政策与方针、各种合规机制、流程、程序、过程以及企业的合规文化等关键要素。这些要素构成了合规管理体系的基本框架，而框架中所包含的所有机制，正是企业全体员工需要去参与实施的。

（2）各岗位的职责、权限及对应的合规目标：这部分详细定义了员工的职责权限以及需要实施哪些合规机制、完成哪些合规目标。如果把各种合规机制比作工作人员所使用的不同机器设备的话，那么岗位职责，就是指明由哪些员工去操作哪些设备。

（3）针对本组织的合规义务与合规风险：这部分明确了合规管理体系所要实现的基本目标。它明确了企业需完全履行的所有合规义务和需要有效管理的所有合规风险。

也就是说，一个完整且有效的合规管理体系实施手册，必须清晰地列明合规框架、岗位职责以及企业的合规义务和合规风险，以确保所有员工都明白他们在合规管理中的角色和责任。

九

根据以上讨论，下面我们就来看一看，大华公司合规管理体系实施手册的内容大纲大概是什么样的。

大华公司合规管理体系实施手册

1 合规管理体系的概述

1.1 什么是合规管理体系

1.2 为什么要建立合规管理体系

2 大华合规管理体系简介

2.1 大华背景：内外部环境和相关方需求

2.2 大华合规管理体系实施目标、原则、方针和范围

2.3 大华公司合规义务和合规风险

2.4 实施、维护和持续改进的定义

3 岗位职责和权限以及各级的合规目标

3.1 治理机构和最高管理者

3.2 合规团队

3.3 各职能部门

3.4 全体员工

3.5 各层级合规目标

4 大华合规管理体系执行机制

4.1 运行机制

4.2 义务识别与风险评估机制

4.3 治理机制

4.4 支持机制

4.5 合规文化

4.6 能力匹配和意识培养机制

4.7 沟通与培训计划

4.8 控制和程序

4.9 文件化信息系统

4.10 内部审核机制

4.11 管理评审流程

4.12 合规绩效的监视和测量机制

4.13 提出疑虑的渠道和处理流程

4.14 调查过程

4.15 持续改进机制

4.16 对不符合或不合规的响应机制

5 附录

5.1 术语和定义

5.2 与大华公司相关的法律、规则和标准

5.3 模板和表格

5.4 案例研究

5.5 常见问题解答（FAQ）

5.6 联系方式

5.7 记录保持和文档管理指南

5.8 实施手册的评估和改进机制

十

虽然我们不必逐条详细解读上述实施手册的大纲，但以下几点说明是必要的。

（1）框架：大纲中的第 4 部分是合规机制框架汇总，但整个合规管理体系的框架是基本结构、方针、过程和程序的有机组合，包括政策、规章制度、程序、流程、人员及责任分工、决策机制、合规文化和技术等不同的元素，也就是说大纲中的第 2.2 节、第 2.3 节和第 1 部分其实也应该放

在框架汇总之内。之所以像现在这样安排大纲，主要是因为想把合规机制独立出来概括在第 4 部分里，从而强调全体员工要实施哪些机制。

（2）维护和持续改进：大纲中的 2.4，是"实施、维护和持续改进的定义"，表明本手册不但包含了实施操作的基本内容，还包含了对实施概念定义的维护和持续改进的内容，因为框架汇总中的机制（含流程和程序），都涉及对合规管理体系的维护和持续改进。

有关维护和持续改进的内容，将在本章第三节和第四节中分别讨论。

（3）对实施手册的持续改进：大纲中附录第 5.8 节进行了说明，即实施手册不是一成不变的，而是需要随着时间和环境的变化而进行调整和更新。它作为一个容易访问的文件化信息，保存在组织内部，其内容应根据合规管理体系的维护和持续改进的需要，进行持续更新和优化，这样才能确保其持续的适宜性、充分性和有效性。

十一

以下是大华公司合规管理体系启动全面实施的设想场景：

大华公司成功建立了合规管理体系后，首席合规官林女士和她的团队编制了一本《大华公司合规管理体系实施手册》。这份手册详尽地介绍了合规管理体系的基本框架、目标、原则、实施步骤和流程，甚至包括各种可能的场景和解决方法。

随后，林女士安排了全员培训，邀请了所有员工参加，很像一次项目启动会议。在培训中，她详细讲解了合规管理体系和实施手册的内容。在理论教学环节，林女士结合真实案例，使大家更好地理解合规的重要性和具体要求。在实际操作环节，员工们通过模拟实际工作中可能面对的合规事项，熟悉并掌握了按照合规管理体系进行操作的方法。

培训结束后，林女士及其团队提供了持续的指导和支持。他们监督合规管理体系的全面实施，并及时回答员工的问题，解决实施过程中出现的难题。

在这个过程中，林女士发现沟通机制的重要性。公司内部建立了一个在线沟通平台，员工们可以在平台上提出问题、分享经验、获取帮助。同时，林女士引导员工积极利用已经建立的文件化信息系统，提供了丰富的在线资源和参考资料。

在合规管理体系实施的第1个季度结束时，林女士和她的团队进行了第一次检查。他们收集了员工的反馈，发现了一些问题和不足，比如一些员工对某些合规要求理解不清，或者对某些操作流程感到困惑。针对这些问题，林女士制订了改进方案，包括更新实施手册、举办进阶培训，以及优化沟通平台等。

经过以上步骤，大华公司的合规管理体系得到了有效的全面实施，并开始在全公司范围内有效运行，所有员工都清晰地了解自己的职责和行动准则，这大大提高了公司的合规效果，降低了企业风险，也为公司有效维护自身公众形象和信誉提供了合理保障。

第三节　维护

> 最好的维护，是不让事情坏到需要维护的地步。
>
> ——行业格言

一

组织建立起合规管理体系并展开实施之后，实施成了一种日常活动，而维护则是穿插于实施之中的另一种日常活动。实施的目标在于运行合规体系以履行合规义务，而维护则致力于在合规体系运行中查漏补缺，保持和改善履行合规义务的文化、机制和过程等，使其持续有效，并获得充分及时的调节和完善。如果不维护，公司就会感觉在合规管理体系的实施过程中有些地方不对劲儿，比如某些合规要求受到侵蚀和歪曲，甚至最终失去有效性，合规管理过程和机制变得越来越无用或效果不佳而来不及调整，甚至各项要素之间的协调和衔接变得棘手，而导致合规活动难以进行……凡此种种，使组织的合规管理体系像一台缺乏润滑的老旧机器，这里或那里时常发出"吭哧吭哧"怪怪的声音。

有一家ABC公司，其最初建立合规管理体系的目的，仅仅是应对来自外界的各种检查，而不是实现真正的企业合规。这在他们的观念和行动中表现得十分明显。然而，当他们成功地建立起合规管理体系之后，由于在体系实施的过程中，没有对合规要件中的基础要素进行有效的维护，公司遭遇了一系列问题。

比如，由于没有对财务报告过程进行适宜的持续有效控制，财务部门在编制报告时犯下了重大错误。这些错误在外部审计中被发现，从而导致审计师给出了不良的审计意见。这不仅损害了公司的声誉，而且引发了监管机构的调查，给公司带来了诸多的合规风险应对困境。

又如，由于没有定期对数据保护过程进行审查和更新，员工在处理敏感客户信息时发生了重大疏漏，导致客户数据泄露。这一事件暴露出了公司数据保护的管理漏洞，使公司面临法律诉讼，同时也严重损害了客户的利益。

再如，由于合规培训和教育缺乏与时俱进的针对性，销售部门的一位员工在进行销售活动时违反了公司的合规要求。他为了达成销售目标，误导了客户，提供了不真实的产品信息。这一行为不仅导致公司面临法律诉讼和罚款，还严重影响到公司的市场地位和声誉。

还如，由于提出疑虑报告过程的维护不到位，员工在面对疑似不合规行为时，往往不清楚如何及时、正确地进行报告，甚至出现报告行动受阻。这导致一些存在的问题长时间未被组织发现，给公司的运营带来了诸多风险隐患。

ABC公司种种问题的频繁发生，都凸显了维护合规管理体系、及时更新合规基础要素的重要性。如果公司没有积极、持续地进行维护，即使建立并看似实施了合规管理体系，也无法合理有效地避免合规风险，甚至因此引发更严重的问题。

为了真正实现企业的合规，一个组织需要将合规管理体系切实融入企业的运营中，这不仅需要在建立时投入精力，更需要在后期的实施中进行持续的维护和改进。

二

什么是对合规管理体系的维护？

在合规管理体系实施过程中，"维护"主要指的是对体系中合规基础要素的时效性、充分性、适宜性和有效性的持续监控和评估，以解决任何可能影响体系正常运行的问题，同时巩固和加强已被证明有效的要素，保持其应有的稳定性。所涉及的要素包括但不限于合规义务、合规风险、过程、机制、文化、文件化信息和资源等。维护过程包括一系列活动，如实时监控与评估、更新、调整、补充、充实、巩固和加强等，以利于确保合规管理体系能够有效地适应和应对内外部环境的变化，使之得到保持和不断优化，持续健康有效地运行。

以上对维护的描述有些抽象，以下对有关确保合规管理体系的时效性、充分性、适宜性、稳定性和有效性等方面进行一些解释。

（1）时效性：指合规管理体系需要及时响应和应对内外部环境变化，包括法律法规等规则的变更、市场环境的变动、技术的创新等。例如，如果一项新的数据隐私法规出台，公司的合规管理体系需要及时地识别这个变化，然后更新相关的数据处理和保护政策以符合新的合规要求。

（2）充分性：主要指合规管理体系所涵盖的范围是否完整，是否已经考虑到了所有可能的合规风险和挑战，并针对这些风险和挑战设计了准确、全面的策略和措施。它涵盖了合规管理体系的多个层面，从合规要件的设计、合规义务和风险的识别,到资源和措施的配置,再到执行合规体系的各级承诺,都需要考量其充分性。例如,如果一个公司的合规管理体系根据企业需求在识别合规义务方面存在片面性,如只是完善了财务合规的要求,识别并应对了财务合规风险,但忽视了环境合规和其他社会责任合规的要求和风险,那么这个体系就不是充分的。同样地,如果一个公司在资源和措施的配置,以及执行合规体系的各级承诺方面存在缺失或不足,那么其合规管理体系的充分性也会受到质疑。

(3)适宜性:主要是指合规管理体系是否适应组织的特定情况,包括其业务模式、组织结构、公司文化等因素。例如,如果一家全球化的科技公司采用了与领导承诺不匹配、与公司规模和性质不相符的合规管理体系,那么这个体系就是不适宜的,因为它无法有效反映公司的合规方针、文化和组织其他实际需求。

(4)稳定性:维护包含对已被验证为有效的要素,如方案、过程、机制等的巩固和坚持,直至其有效性(如时效性)衰退或丧失。这种维护是为了保证合规管理体系的稳定性,确保在一般性情况的变化过程中,有效的合规措施能够得到持续的执行。例如,假设一家公司设定了一套详细的绩效评价系统,包括定期的合规绩效监控、内部审核、管理评审以及合规疑虑报告调查过程,并且这套系统在实际运行中展现出了有效性。那么,公司就需要维护这套系统,坚持按照这个系统流程定期或不定期地展开绩效评价行动,即使在公司结构变化或者业务发展的情况下,也需要确保这个过程得到坚持和巩固。

(5)有效性:指合规管理体系能否达到预期的目标,以及这个体系的措施和策略是否对合规风险的防范和管理起到了实际作用。例如,如果公司实施了一套反洗钱和反腐败的合规程序。那么有效性就是通过评估这些程序是否减少了洗钱和腐败行为,以及公司是否因此提高了它的合规性和声誉,避免了合规风险所带来的潜在损失。如果结果表明这套合规的程序有效地防止了洗钱和腐败行为,那么就可以认为这个合规管理体系在反洗钱和反腐败方面是有效的。

三

对合规管理体系的维护,具体包含对哪些要素的维护?

总体来说,对合规管理体系的维护,包含但不限于对合规义务、合规风险、过程、机制、文化、文件化信息、资源等的维护。

(一)对合规义务的维护

合规义务是合规管理体系的基石,因为"合规"的内涵就是履行组织的所有合规义务。对合规义务的维护,意味着组织要根据其内外部环境和相关方期望与需要的变化而及时更新合规义务,如审查和更新法规的变动、持续对合规管理体系的有效性进行评价等,同时,还需要控制和维护所有与合规义务相关的信息及其载体,这包括但不限于合规政策、程序、法规变动的记录、合规绩效的监视、测量等。所有这些信息都需要被妥善地存储、管理,并能在需要时方便地获取。

仍以大华公司为例,该公司供应链管理团队会定期(每季度)审查与新出台的供应链相关的法规,并对其影响进行评估。一旦发现有新的法规影响到公司的运营,他们会立即更新相关的政策和程序,并对相关员工进行培训,确保他们了解并遵守新的法规。同时,大华公司也使用了一套高效的信息管理系统来维护与合规义务相关的所有信息,比如法律法规等规则变动的记录、合规义务变更的结果等。这些信息都会被及时地录入系统,分类存储,并设置权限控制,以便在需要时方便安全地获取。此外,他们也会不定期地进行合规管理体系的有效性测试,以检查合规体系的符合性和各部门的合规措施落地情况,发现问题及时进行纠正和维护。

(二)对合规风险管理的维护

合规风险,是组织因未遵守其合规义务而发生不合规的可能性及其后果。维护合规风险的管理，意味着组织需要对合规风险管理相关的控制措施进行维护，包括合规风险的再评估以及应对的重新布局。由于合规管理体系发挥作用的目标，就是预防、发现和响应不合规。因此，这些控制及对其维护涉及合规管理体系的整个框架。

以大华公司的销售部门为例，该部门面临的主要合规风险包括不合规的销售行为、违反隐私法规的客户信息处理等。

而在大华公司合规管理体系所覆盖的范围内，各处都存在着需要管理的合规风险。

销售部门为了管理其合规风险，制定了一套风险识别、分析、评价和应对的机制，并对这套机制进行持续维护。他们通过定期培训和员工自我检查等方式，识别并进一步评估各种可能的风险，开发和维护合规风险源清单和合规风险情况清单。然后，他们根据风险的不同性质，制定风险应对措施，如对不合规的销售行为，加强了销售行为的审查，对于违反隐私法规的客户信息处理，改进了客户信息的存储和使用的规定等。这些控制措施不是一成不变的。如果发现某项控制措施执行效果不佳，他们会及时进行调整和改进。

这种工作模式贯穿大华公司的整个合规管理体系运行过程，其控制措施由合规管理团队牵头负责协调维护，从而在合规管理体系实施中形成了良好的相互促进与协同作用，有效降低了公司的合规风险。

（三）对过程的维护

包括但不限于聘用过程、报告过程、调查过程等所有合规管理体系所涉及的过程。这意味着组织需要在持续运行体系的基础上管理和更新这些过程，以确保它们能够有效地服务于组织的合规行动，同时应对可能出现的新的风险或挑战。

在大华公司，对过程的维护被看作一项核心任务。

以供应链管理过程为例，大华公司认识到，如果供应商不遵守环境、社会和治理（ESG）标准，可能会导致重大的合规风险。因此，他们在供应链管理过程中，加入了对供应商ESG符合性与遵从性的评估。

随着法规和市场环境的变化，以及公司战略的调整，大华公司会定期审查和更新供应链管理过程。例如，当新的环保法规出台时，他们会更新供应商ESG遵从性的评估要求；当公司决定更加重视可持续发展时，他们会增加对供应商在可持续性方面表现的考察。同时，他们也会定期收集和分析过程执行的数据，以评估过程的效果，并根据评估结果进行必要的改进或展开巩固活动。

大华公司对所有过程的维护工作做出了巨大的努力，包括但不限于聘用过程、报告过程、调查过程、测量过程、识别新增及变更合规义务的过程，以及沟通过程等。他们对每一项过程设立了明确的标准，并依据这些标准对各过程进行严格的监控与控制。

（四）对机制的维护

包括问责机制、控制机制、举报机制、调查机制、报告机制、沟通机制以及绩效反馈机制等。这意味着组织需要确保这些机制的充分性和适用性，并根据实际需求和环境变化进行相应的调整和改进。这些机制的维护是至关重要的，因为它们不仅有助于及时解决出现的问题，还能持续推动组织的合规工作。

例如，问责机制需要由最高管理者确立并维护，包括纪律处分和结果沟通，以保持组织内的公平和公正。对于举报机制，组织应考虑开发和维护举报的匿名和保密制度，使得员工和相关方能够安全、无任何担忧地报告不合规行为或寻求关于不合规的处理指导。

在大华公司的实践中，公司最高管理者确立并维护了一套明确的问责机制。例如，若员工违反了公司的合规政策，他们会受到相应的纪律处分，如警告、降级甚至解雇，结果会公开通告于全体员工，以示公平和公正。此外，问责机制还包括对管理层的问责，即使是最高管理者也不例外，以确保从高层到基层，每个人都对其行为负责。

（五）对合规文化的维护

对合规文化的维护，包括组织的合规行动准则改变和核心价值观的有效建设等。这意味着组织需要持续地培养和强化其合规文化，确保所有成员都能理解并遵守组织的合规要求，从而形成良好的合规氛围。

大华公司十分重视合规文化的维护，并将其视为完善企业核心价值观的一部分。他们在企业内部建立了一系列明确的价值观标准，涵盖了合规性、诚信、责任等多个方面，并将这些价值观在全体员工中广泛传播，形成了共享的行为规范。

对于新员工，大华公司会在入职培训中加入合规性和企业价值观的内容，确保他们理解并能遵循公司的合规要求。对于现有员工，公司会定期进行合规培训，不断更新和深化他们对于合规要求的理解和认知。

在公司内部，最高管理者积极倡导和推广合规文化，他们通过以身作则，展示出积极并显而易见地遵守合规要求的态度。同时，公司对于任何违反合规要求的行为，无论涉及者的职位高低，都会作出一视同仁的处理，并给予适当的处分。

此外，大华公司还在积极推行合规文化的基础上，不断地维护和调整整合现有的绩效考核体系，将合规行为作为绩效考核的重要内容，并将员工阶段性的合规表现与绩效工资挂钩。这使得所有员工都有动力去遵守合规要求，进一步强化了公司的合规文化。

在对外沟通方面，大华公司也积极传播其合规文化和公司核心价值观，将这些信息作为与合规管理体系相关的重要信息进行维护改善，并在一定范围内发布，以此展示其对于合规工作的坚定承诺。

通过这些措施，大华公司成功地维护和强化了其合规文化，使得全体员工都有了明确的合规行为规范，为公司的长远发展打下了坚实的基础。

（六）对信息的维护

包括组织的文件化信息、合规报告等。这意味着组织需要有效地管理和更新这些信息，以确保它们的准确性和完整性，同时也为合规管理提供支持和依据。

大华公司非常重视对文件化信息的维护，他们已经建立了一套完整的信息管理系统，及时反映信息的有效变更，以确保所有信息的准确性、完整性和及时性。

首先，大华公司在内部设立了专门的信息管理部门，负责对公司所有的文件化信息进行整理、归档和更新。这些信息包括公司的合规方针和程序、合规管理体系的目标、合规指标、合规岗位和职责的匹配、相关合规义务的登记册，以及合规风险登记册等。

在对合规风险的管理上，大华公司会根据合规风险再评估过程，对不同合规风险的优先级重新布局，并将这些信息变更情况记录在合规风险登记册中，以便随时查阅和使用。

其次，大华公司也会对新出现的不合规、近乎不合规和调查的记录进行详细的记录和存档，并制订了年度合规促进计划，以便全面掌握公司的合规状况。

在人员管理方面，大华公司对所有员工的最新培训效果进行详细的记录，以便了解员工的培训情况，同时也为后续的人员培训和管理提供参考。

虽然内部审核在一般性维护工作中不便展开实质性行动，但在审核方面，大华公司制定了详细的审核要求和实施时间表，并会对每次的审核结果进行详细的记录，并融入原有的文件化信息之中，以便对公司的合规状况进行持续的跟踪和研究。通过对信息的有效维护，确保内部审核制度在企业合规工作中得到巩固与坚持。

总的来说，大华公司通过严谨而逐渐完善的信息管理，有效地维护了所有的文件化信息，为公司的合规管理提供了强大的支持和有力的改进依据。

（七）对资源的维护

包括组织的人力、物力、财力等。这意味着组织需要合理地配置和使用这些资源，以支持和推动组织的合规工作，同时也应根据需要进行调整和优化。

举例来说，在资源管理方面，大华公司通过明智的策略和决策改变，为合规工作持续地提供了充足的人力、物力和财力支持。

在人力资源方面，大华公司不仅积极补充招聘合规专业人员，还定期为员工提供合规培训，提高员工的合规意识和合规技能。公司还不断提升专业合规团队成员的协调能力，促进他们有效地牵头负责全面推进公司的合规工作，提出有针对性的建议或直接提供与合规方针、过程和程序有关的人力资源支持。

在物力资源方面，大华公司不断保障合规工作拥有丰富的技术资源和基础设施，包括合规风险评估系统、文件化信息管理系统等，确保合规工作的持续正常化运行。

在财力资源方面，大华公司不断积极有效地充实和持续调配足够的经费以支持合规工作。随着合规体系的不断运行，最高管理者对合规工作重要性的理解更加深入，因此他们在组织内部进行了策略性的授权，并且提供了必要的经费，以保证合规管理体系的高效运行。

此外，大华公司还会根据组织环境的变化和合规工作新的需要，定期进行资源的调整和优化。例如，在策划如何实现合规目标时，组织会确定需要什么资源，并在变更策划时，结合资源的可获得性进行决策。

总之，大华公司通过有效地维护和充实各种资源，为组织的合规工作提供了循序渐进的坚实保障。

四

在结束本节的讨论时，我们需要重新审视维护的性质。

维护合规管理体系，是一个持续性、全面性和适应性的过程。持续性包含了对新的法规、政策和风险保持警觉，并对内部各种过程和机制进行持续审视和改进。全面性要求企业在合规风险评估、管理过程维护和合规管理体制机制调整的每一个环节中全面投入。适应性则需要企业根据外部环境和内部需求的变化对合规基础要素进行持续调整和优化。

然而，尽管维护的目标如上所述，但这一过程中出现的种种挑战和困难将使人们意识到：仅仅依靠一般性维护的策略和手段，企业无法真正实现这些目标。人们很快会发现，自己陷于一种无止境的循环中，忙于处理迫在眉睫的问题，查漏补缺，却无法根本性地解决那些具有深远意义的重大问题，无法从整个体系的视角进行深层次的变革。

为此，合规管理体系需要一种更高层面的方法，一种更为系统、全面的解决方案。它不仅能极大地缓解眼前的问题，而且能预防未来风险，是一种旨在推动合规管理体系不断优化和发展的方法。这个方法不仅需要满足企业在法规、风险管理和内部需求变化中的应对要求，还需要让企业有能力从体系化的视角对合规管理进行更深层次的调整和优化。

这样的方法，或称机制，就是我们下一节要讨论的内容——持续改进。

第四节　持续改进

如果你不能衡量它，你就不能管理它。

——彼得·德鲁克

一

在前三节中，我们已经详细探讨了合规管理体系的建立、实施以及维护这三个关键部分。在本节中，我们将转向第四个重要的部分：对合规管理体系的持续改进。

"建立、实施、维护和持续改进"这四个环节，构成了合规管理体系运行过程的关键步骤，它们在整个体系的生命周期中都有不可或缺的作用。这四个环节相互连接形成一个闭环，旨在确保合规管理体系始终与组织的当前需求和目标保持一致，同时也能适应外部环境的变化。

二

在大华公司过去多年的发展历程中，一直没有正式的合规管理体系。后来，大约在一年前，大华公司建立了一个符合ISO37301标准要求的合规管理体系。自建成的那一天起，就像是向休哈特和戴明的理论致敬，大华公司的合规管理体系，自此拥有了一种先天的PDCA"生理周期"，并开始了持续改进的无尽之旅。

三

在20世纪初的工业浪潮中，质量控制的先驱沃尔特·休哈特首次提出了 PDCA 持续改进循环的基本构想。然而，当时的模型只包含了计划（P）、执行（D）和检查（C）三个基本元素。

休哈特对工作质量和日常行为进行了大量的观察。他发现，在日常的循环往复活动中，那些把计划（P）和检查反思（C）持续融入执行（D）中的人，无论其天资高低，总能取得显著的成就，这种成就还会随着时间的推移而日益杰出，直至非凡和卓越。而那些缺乏持续改进（不注重 P 和 C）的人，哪怕天资卓越者，他们的生活和工作往往也仅停留在单纯执行（D）的反复进行中，很少有重大和持续的成果。

实际上，休哈特的 PDC 模型已经隐含了改进（A）的元素，但并没有明确地在模型中表现出来，而是作为检查（C）环节的自然内涵和延伸。这一步骤的进一步发展和完善，是由他的学生和朋友爱德华·戴明完成的。

戴明在休哈特的理论基础上，明确地引入了改进（A）这一环节，从而使 PDCA 持续改进模型得以完全成型。

戴明后来把这一理论带到了日本，并最终使之传播到全世界。

PDCA 循环的力量，在丰田公司得到了极致的体现，成为丰田的核心哲学，引领着它在持续改进的道路上不断前行。丰田的卓越成就在商界和管理领域产生了深远影响，PDCA 循环的影响力变得无处不在，悄然改变着世界。

四

PDCA 循环的原理，是基于 4 个按时间顺序依次执行的步骤，分别是：计划（Plan）、执行（Do）、检查（Check）、改进（Action），如图 2-2 所示：

图2-2　PDCA四步骤

然而，真正使 PDCA 模型变得有效和伟大的地方在于，以上四个步骤不但在行动逻辑上极其合理，而且在时间上是无限往复进行的。一个周期的 PDCA 完成之后，接着就是下一个周期的 PDCA，循环不休，如图 2-3 所示：

图2-3　PDCA循环

正是因为 PDCA 模型在时间上无限延伸，在步骤上无限往复，人们才将它称为"PDCA 循环"，并把它的图示画成图 2-4 这样：

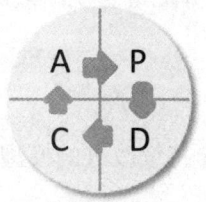

图2-4　PDCA循环

五

实际上，无论涉及哪个领域，只要运用了 PDCA 循环，绩效就能够得到不断的提高和优化。

PDCA 循环之所以是一种强大的持续改进模型，是因为其中的 P、D、C 和 A 四个步骤首先都是面向问题的；其次，四个步骤之间有紧密的循环依赖关系和精确的行动逻辑。计划——在合规管理体系项下记作"策划"（P）的目的是执行（D），检查（C）是对执行（D）效果和绩效的检查，其目的是从执行中发现问题和改进的机会，以便下一步的 A 中采取改进行动。因此 D 依赖于 P，C 依赖于 D，A 依赖于 C。而当 PDCA 下一周期的循环开始时，以合规管理体系为例，如果从前期的检查（C）和改进（A）中发现体系中的要件需要变更才能真正提升绩效，那么就要对变更进行新的策划（P），此时的 P 又依赖于前期的 C 和 A，策划之后接着又开始了对策划的执行（D），执行后又进行检查（C），检查后又改进（A），如此循

95

环不休。

PDCA 循环的核心理念是持续改进，其关键在于循环并非一次性的过程，而是一个循环往复、永无止境的过程。通过运用 PDCA 循环，任何体系或过程的绩效都会获得不断的提高，趋于完善和完美。而这个过程又永远没有终点，这就是 ISO37301 标准要把 PDCA 纳入合规管理体系全部生命周期的原因所在，它将 PDCA 循环强制性地安排成为合规管理体系的天然"生理周期"，其目标，就是使合规管理体系的适宜性、充分性和有效性获得永无休止的持续改进，并促进合规绩效的不断攀升。

六

在 ISO37301 标准文件中，持续改进的模型如图 2-5 所示：

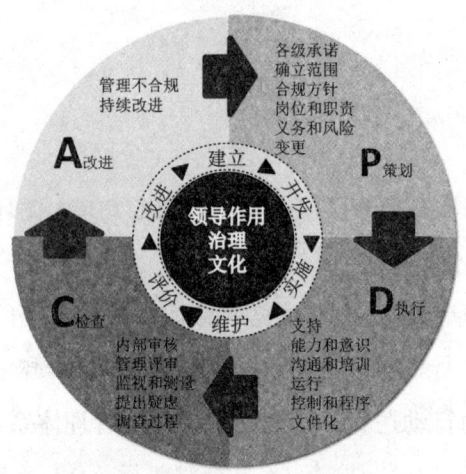

图2-5　合规管理体系持续改进模型

图 2-5 中，策划（P，也称"计划"）的部分，除对"变更"的策划外，在本章第一节"建立"中，已经全部涉及了。

在图 2-5 的中间外圈部分，我们看到一个由"建立、开发、实施、维护、评价、改进"组成的周期循环（这里暂且称之为"建立—改进循环"）。这代表了对整个合规管理体系进行全面建设的循环过程，是本节开始时提到的"建立、实施、维护、持续改进"循环更细化的体现，意味着循环中的每个步骤都服务于整个合规管理体系的完善和优化。也可将"建立—改进循环"视为一个通用的工作方法和思维方式，适用于各种类型管理体系的全面一体化建设，如包括但不限于质量管理体系、信息安全管理体系、供应链管理体系、环境管理体系和风险管理体系等。

PDCA模型比之聚焦于体系建设的"建立—改进循环"，在持续改进方面具有更完全的目标性和科学的操作性，它从绩效出发涵盖了体系建设的有效性问题，因此在ISO37301标准中通过要件图的方式被正式纳入合规管理体系的运作机制中。这个标准不仅在引言中绘制出了此模型，而且在正文部分也依照此模型划分了内容。例如，第6部分全面概述了PDCA中的策划阶段，第7、第8部分涵盖了执行阶段，第9部分则描述了检查阶段，最后的第10部分对改进阶段进行了全面概述。

七

在ISO37301标准文件中，PDCA持续改进模型是专门面向合规管理体系的绩效的。

按照ISO37301标准文件中的定义，"绩效是可测量的结果"，它通过一系列可量化的指标，全面展示了合规管理体系的适宜性、充分性和有效性。而持续改进，则是"提高绩效的循环活动"，其目的在于优化合规管理体系的各项绩效表现。

例如，合规风险事件的发生频率，就是一个与合规管理体系相关的绩效，是可测量的结果。比如对于一家大型金融机构来说，需要定期追踪和分析合规风险事件的发生频率。如果该机构在一定的时间内经历了多次重大的合规风险事件，合规风险事件发生频率上升了，那就需要在对不合规的纠正过程中进行改进，必要时变更合规管理体系。

其他的合规绩效还包括但不限于：管理评审中发现的问题数量，合规培训参与度，合规报告的及时度，合规问题的解决速度，合规风险的减少程度，合规培训的满意度评分，合规预算的使用效率等。

八

PDCA持续改进中的关键环节之一是检查（C），也可称之为审查、评估、评价等。检查（C）活动分为两类：定期检查和持续检查。定期检查的典型活动是内部审核和管理评审，有时还有定期监视；而持续检查的典型活动有提出疑虑、调查、监视和测量等。定期检查活动规模较大，面向的是整个合规管理体系的、系统化的检查；而持续检查则较局部且具有个体针对性。把两类检查的特点作比较，定期检查则引申出策划周期的概念。

PDCA策划周期，指的是企业的合规管理体系完成一次完整的PDCA持续改进循环所用的周期。这一周期在策划阶段就已经确定。根据企业情况的不同，该周期可以是一个月或一个季度。假设大华公司策划的时间间隔为一个季度，则意味着该公司每个季度都会完成一次PDCA持续改进的循环，下季度则进入下一循环。而定期检查和定期策划（对变更实施的策划），其周期也是按照策划周期进行的。

在PDCA循环中，内部审核和管理评审这两种检查手段是因策划的周期性工作而设计的。合规体系是否需要变更，也是由管理评审的检查手段决定的。而其他的检查方式，如监视和测量、提出疑虑、调查过程等，则是随着合规体系的实施、维护和改进的日常性运行过程而随机展开的，它们都能够为上述两种周期性检查手段提供信息来源。

九

大华公司刚刚建立起合规管理体系，又经历了时间不长的实施和维护工作。随后，该公司的一部分人——主要是合规团队、治理机构和最高管理者——的工作重心，就是进行检查（C）阶段的内部审核和管理评审工作。这是按策划周期进行的工作，以便在宏观上为下一步的持续改进提供依据。

在PDCA持续改进模型中，关乎策划周期工作量比较大的持续改进活动，所涉及的要件如下：

（一）检查（C）阶段的所有要件：内部审核、管理评审、监视和测量、提出疑虑、调查过程（见图2-6）；

（二）策划（P）阶段的要件：变更。

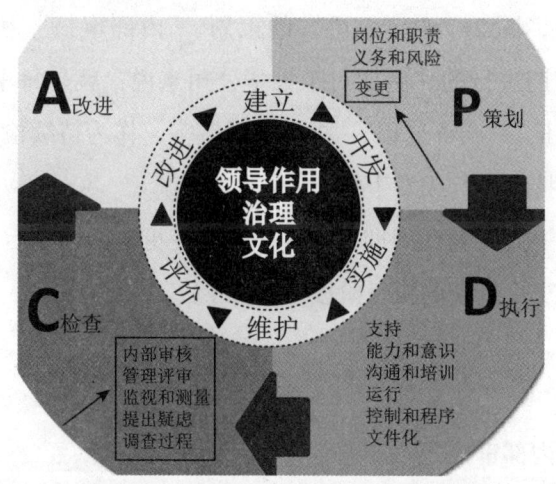

图2-6　PDCA模型中，变更策划所涉及的要件

图2-6中，被方框圈中并被箭头指向的要件，就是对合规管理体系进行检查和相关变更所涉及的要件。这些要件之间，信息流的方向如图2-7所示：

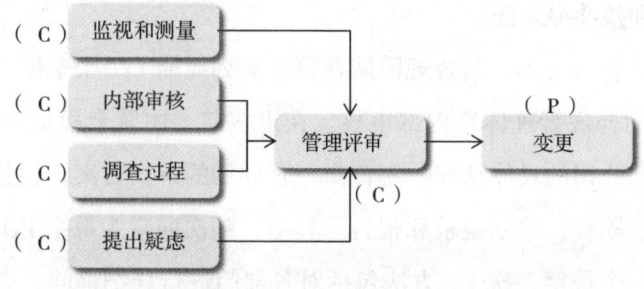

图2-7　针对合规管理体系变更策划的信息流方向

图 2-7 中，属于各 PDCA 循环过程的体系要件被标明了所属阶段，如（C）、（P）等。

由图 2-7 可知，在下一周期合规管理体系的策划阶段，如果组织确定需要变更合规管理体系时，则对这些"变更"的实施进行策划，其信息来源主要是本周期的"管理评审"。而本周期的"管理评审"，其信息来源主要是本周期检查（C）阶段的"监视和测量""内部审核""调查过程""提出疑虑"等。

在频次上，图 2-7 中"变更"的策划、"内部审核"和"管理评审"是按照策划周期进行的。例如对于大华公司来说，就是每季度进行一次。而"监视和测量""调查过程""提出疑虑"等，作为持续检查方法，则是在日常工作中持续进行或发生的。

当下一个 PDCA 循环周期真的发生了"变更"的策划后，其策划的执行，自然进入下个周期的执行阶段去落实了。

+

什么是"内部审核"？

抽象地说，对合规管理体系进行的内部审核，是在策划的时间间隔内，由组织自行实施或代表组织的外部机构实施的，为获取审核证据并对其进行客观评价，以确定审核准则满足程度所进行的系统的和独立的活动过程。这一过程的独立性，可以通过对正在被审核的活动免于承担责任或无偏见和利益冲突来证实。

以大华公司为例，其合规团队在每个策划周期（一个季度）都会牵头组织公司的合规管理体系内部审核。在审核前，团队会根据 ISO37301 标准的要求和公司的具体情况，制订出一套详细的审核方案，包括审核的频次、方法、职责、策划要求和报告。其中，频次通常为每个 PDCA 循环周期一次（一个季度一次），方法包括对各部门进行详细询问、查阅相关文件和资料，以及实地检查等。同时，团队还会根据每次审核的目标、准则和范围，选择具有相关知识和经验的审核员进行审核。

大华公司明白选择审核员的过程非常关键，它可能涉及合规团队成员或非合规团队成员。在选择过程中，大华公司考虑了候选人的专业知识、经验和公正性。在一些情况下，如果需要具有特定专业知识或经验的审核员，而组建的内部审核团队中没有这样的人员，大华公司也会聘请其他职能部门的人员，甚至外部专家来执行这个角色。

在实施审核过程中，内部审核小组会严格按照审核方案进行，确保审核过程的客观性和公正性。在审核结束后，小组会将审核结果整理成报告，提交给公司的相关管理者和重要阶层（包含合规团队、治理机构和最高管理者），以便后者进行评估并作为后续"管理评审（C）"的重要信息来源。这些报告既作为企业合规管理体系符合自身和ISO37301标准要求，以及实施和维护体系效果的证据，同时也为公司下一步的策划提供了参考。

从以上的描述和案例可以看出，内部审核是按策划周期进行的、针对整个合规管理体系的审核活动，其规模和范围远远超出了一般性的日常维护范畴，使得公司在对合规管理体系的持续改进过程中获得了体系化的视野，其报告内容更加宏观和全面，为组织提供了合规管理体系是否符合组织自身及ISO37301标准文件要求的信息，同时还提供了组织的合规管理体系是否得到了有效实施和维护的全面信息。

十一

什么是"管理评审"？

管理评审是一种定期的活动，它通常以会议的形式进行，由治理机构和最高管理者主导，对组织的合规管理体系进行评估和审查。这一过程之所以由治理机构和最高管理者主导，是因为评审过程需要决定全局性的重大事项，例如总体目标、方针、资源、合规管理体系变更等相关的事项。

管理评审的目标，是确认组织合规管理体系的持续适宜性、充分性和有效性。这些目标大部分将分解为可定量或定性测量的绩效目标，从而使合规管理体系的持续改进过程，本质上成为一个旨在提高合规管理体系绩效的循环活动。

一般来说，管理评审是在内部审核之后进行的，因为管理评审中的一项重要的输入，就是内部审核的结果。

其实，像其他会议一样，也可以将管理评审看作一个流程，它有自己的输入信息、对信息的处理过程和最终的输出。最终的输出通常是一份文件，文件中包括合规管理体系持续改进的机会，以及变更合规管理体系的任何需要的决定。同时，这份文件也将作为重要的文件化信息，便于相关人员后续获取。

通俗地说，管理评审，就是公司的治理机构、最高管理者和合规团队一道召集举行的一场重要会议。在此会议中，他们广泛评估来自各个方面的丰富信息，并综合整理成一份详尽的管理评审报告。此报告作为指南，宏观又具体地为公司的持续改进方向和策略提供重要指导，如图2-8所示。

输入 ──(各种信息)──→ 管理评审过程 ──(文件)──→ 输出

图2-8　以流程（过程）视角看待的管理评审

图2-8显示了管理评审作为流程的三大部分：（1）输入；（2）管理评审过程；（3）输出。下面我们分别列出这三个部分的要点。

（1）管理评审的输入

◆ 以往管理评审所采取措施的状况；

◆ 与合规管理体系有关的外部和内部事项的变化；

◆ 与合规管理体系有关的相关方需要和期望的变化；

◆ 关于合规绩效的信息，包括不符合、不合规与纠正措施、监视和测

量的结果,以及审核结果(来自内部审核)等方面的趋势;

◆持续改进的机会;

(2)管理评审的过程

◆评估合规方针的充分性;

◆评估合规团队的独立性;

◆评估合规目标的达成度;

◆评估资源的充分性;

◆评估合规风险评估的充分性;

◆评估现有控制和绩效指标的有效性;

◆评估与提出疑虑的人员、相关方的沟通,包括反馈和投诉;

◆评估调查报告;

◆评估报告机制的有效性;

(三)管理评审的输出

管理评审的输出通常以文件的形式呈现,其中应包含以下内容:

◆持续改进的机会;

◆需要变更合规管理体系的任何决定;

◆合规方针以及与之相关的目标、体系、结构和人员所需的变化的建议;

◆合规过程的变更建议,以确保与运行实践和体系有效整合;

◆需要监视的未来潜在不合规的领域;

◆与不合规相关的纠正措施;

◆当前合规体系和长期持续改进目标之间的差距或不足;

◆对组织内示范性合规行为的认可。

从以上管理评审的输出内容可以看出,其中许多都是下一个 PDCA 周期对合规管理体系进行变更策划时的明确指导。

十二

以下是一篇模拟的、经极度简化的大华公司最近一次管理评审报告。

报告编号：DH2023-CR001
日期：2023年6月10日
标题：大华公司合规管理体系管理评审报告

一、简介

本次管理评审会议由大华公司最高管理者于2023年6月8日主持召开，以评估当前合规管理体系的适宜性、充分性和有效性，并探索持续改进的机会。会议中充分考虑了以往管理评审所采取措施的状况、关于合规绩效的信息，以及与大华公司合规管理体系有关的外部和内部事项的变化等多方面因素。

二、主要发现

以下为会议的主要发现与决定：

（1）持续改进的机会：我们发现当前的合规管理体系有三处可持续改进的地方，特别是在处理不合规事件和对新合规要求的反应速度上，需要进一步提升。三处具体改进机会如下：

（内容略）

（2）合规管理体系变更：我们决定对合规管理体系进行一系列的改进，具体如下：

——对不合规事件的处理流程进行优化，以提高响应速度和处理效率。

——加强对新合规要求的跟踪，通过定期培训和内部沟通等方式，提高全体员工的合规意识。

——对合规团队进行扩充，增加专门负责监控和测量的职位，以增强团队的独立性及工作的针对性和有效性。

（3）合规过程变更：在明确了持续改进的机会后，我们计划对合规过程进行调整，特别是在风险评估、审计和报告等关键环节，以确保其与组织的运行实践和体系更好地整合。

（具体内容略）

（4）未来潜在不合规领域的监视：我们注意到一些新的合规要求可能对公司的部分业务产生影响，因此，我们将加强对这些潜在不合规领域的监视，以便及时发现并纠正问题。

（具体内容略）

（5）纠正措施：针对在此次评审中发现的具体不符合点，我们已制定出相应的纠正措施，并将在下一阶段实施。细节如下：

（略）

（6）合规体系与持续改进目标的差距：我们将继续努力，以缩小当前合规体系与长期持续改进目标之间的差距。具体差距如下：

（略）

（7）示范性合规行为的认可：在会议中，我们对于近期表现出示范性合规行为的部门和个人表示了认可，并希望他们的优秀行为能对全体员工产生积极影响。

（具体示范性行为略）

三、结论

以上所述即为大华公司本次合规管理体系管理评审的主要发现和决定。下一步，我们将着手执行这些决定，以进一步提升合规管理体系的适宜性、充分性和有效性。

参加本次管理评审会议的人员：（人员名单略）

日期：2023年6月10日

十三

从图2-6中我们看到，检查（C）部分不但有内部审核和管理评审，还有监视和测量、提出疑虑和调查过程等要件，这5个要件并不是合规管理体系全部的检查要件，只是反映了合规管理体系需要使用多种机制和方法，对合规管理体系的适宜性、充分性和有效性进行持续或定期的检查和评估，其中内部审核和管理评审是周期性评估工作，其他三项则是持续的随机性检查。所有C部分的要件都是为了给接下去的改进（A）提供依据。

十四

在PDCA模型中的改进（A）部分，第一项要件是"管理不合规"。

什么是管理不合规？

就是对检查（C）部分发现的不符合或不合规做出反应，如采取控制和纠正措施，处置后果，评价采取措施的需要以消除产生不符合和/或不合规的原因，评审所采取的任何旨在消除不符合/不合规原因的纠正措施的有效性，并决定是否有必要变更合规管理体系。

解释一下。所谓"不符合"，就是不符合企业的合规管理要求。而"不合规"，则是没有履行企业的合规义务。

不符合不一定就是不合规。但持续改进要求对两种情况都要进行处理。

通俗地说，管理不合规，就是当发现不符合或不合规后，启动一个局部的、针对所发现不符合/不合规的PDCA循环。

也就是说，如果我们把定期的、针对整个合规管理体系的PDCA循环称为"大循环"的话，那么，管理不合规，就是局部小循环。其PDCA细节如图2-9所示：

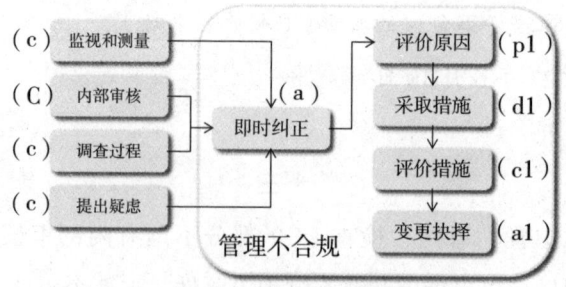

图2-9　管理不合规，持续改进小循环

图 2-9 中，右边大方框代表了管理不合规流程，它里面还包含着更小的流程。从图 2-9 中可以看出，管理不合规流程的启动，源自整体合规管理体系的检查机制，由图 2-9 的左边四项标出。其中标小写（c）的，属于持续检查，大写（C）表明是定期检查。这些检查都能暴露出企业的不符合/不合规，并交由管理不合规的流程去处理。

在管理不合规流程中共有五个子流程，分别是：即时纠正，评价原因，采取措施，评价措施和变更抉择。其中，后四个形成一个 PDCA 小循环。它们各自的含义如下。

（1）即时纠正（a）：这意味着要对不符合或不合规作出响应，并在适当的情况下采取控制和纠正措施，同时处理产生的后果。

（2）评价原因（p1）：评估产生不符合/不合规（或两者）的原因，以及为消除这些原因是否需要采取措施。如需要，则策划消除这些原因所需的行动，以防止其再次发生或在其他地方发生。（从这里进入了 PDCA 小循环）

（3）采取措施（d1）：如果在图 2-9 的 p1 过程中策划了需要采取的措施，则实施这些措施。

（4）评价措施（c1）：评审（d1）所采取的任何纠正措施的有效性。

（5）变更抉择（a1）：如有必要，变更合规管理体系。

以大华公司为例，合规团队收到匿名举报（举报来自提出疑虑的机制）并启动调查，证实了销售团队在记录销售活动时存在故意的遗漏，违背了公司的合规义务，属于一种典型的不合规。作为回应，大华公司采取了控制和纠正措施，包括对销售团队进行额外的培训，强调记录销售活动的重要性和合规性，对当事人实施了处罚措施，之后还修改了其销售流程，以便更好地追踪和记录销售活动。在接下来的检查评价中，相关人员评估了这些措施的有效性，结果显示这些措施已经成功地消除了销售活动记录的遗漏，因此作为持续改进的机会加以记录。大华公司决定将这些改变纳入下一次管理评审中关于合规管理体系拟变更的事项，以确保这种问题不会再次出现。

这里需要注意的是，管理不合规是持续（而非定期）的改进过程，它可能跨越 PDCA 循环的多个阶段。

十五

PDCA 大循环模型中改进（A）部分还有一个"持续改进"要件，它其实是对整个持续改进循环的抽象概括，既包含了具体的"管理不合规"要件的小循环，也包含了整个合规管理体系 PDCA 循环的大循环。

十六

在合规管理体系 PDCA 持续改进模型中的策划（P）部分，包含了对合规管理体系变更的策划。

当这个时间点到来时，对刚刚经历了首次建立期策划（P）、执行（D）、检查（C）和改进（A）循环的大华公司来说，这是它第二次进入这个 PDCA 循环阶段。

对于不久前刚刚完成了首次建立合规管理体系策划的大华公司合规团队及其相关人员而言，本轮的策划相比建立时期的策划轻松许多。前次任务是从无到有，建立起整个合规管理体系，而现阶段的策划，以及未来各个 PDCA 循环周期的策划，则主要聚焦于合规管理体系变更的策划。更具体地说，是针对变更实施的策划。实际上，除非在管理评审中确定本组织的合规管理体系有变更的需要，否则对变更的策划可能并不需要。这意味着与上一次策划合规管理体系建立时的全面性和深入性相比，现在的策划更具针对性和易管理性。

对于大华公司来说，根据上周期管理评审的结果，这一次确实有变更的需要，即对风险评估、审计和报告等机制进行变更，因此要对变更的实施进行策划，并在之后的实施过程中对策划的结果进行落实。

由于在本章第一节中，我们已经有了充分的策划建立合规管理体系的知识，而本次变更策划只是涉及整体的一小部分，因此本处对变更的策划不进行详细描述，只强调在进行变更策划时需要注意的几个主要方面，它们分别是：

——变更目的及其潜在后果；

——合规管理体系设计和运行的有效性；

——足够的资源的可获取性；

——职责和权限的分配或再分配。

以上所需注意的任何一项，都在本章第一节中有详细的描述，此处就不重复了。

十七

合规管理体系有效性的特点，是它具有持续改进和发展的能力。组织的业务及内外部环境随着时间的推移而变化，其顾客的性质和适用的合规义务也随之变化。因此，应该通过多种方法对合规管理体系的充分性和有效性进行持续和定期评估，例如管理评审、内部审核、调查、监视和测量等，从而为组织提供持续改进的参考信息，以确定是否需要或有机会变更合规管理体系。

在策划持续改进的规模和时间跨度时，组织宜结合其环境、经济因素和其他相关情况酌情抉择。为了确保合规管理体系的完整性及有效性，合规管理体系各个要件的变更，应该体现这类变更不会对整个合规管理体系的有效性带来冲击，即考虑这些变更对合规管理体系的运行、资源可用性、合规风险评估、组织的合规义务及其持续改进过程的影响。

十八

从本节的深入探讨中，我们可以看到，合规管理体系的持续改进，是一个不断进行的过程,永无止境。这个过程不仅关注管理体系本身的优化,也关注其绩效的提升。在改进过程中,每个"建立、实施、维护"的环节都是重要的考量因素。在此基础上,ISO37301标准引入了PDCA循环模型,这是一种有效的持续改进工具,将管理体系的建设和绩效的改进统一在一个框架内。

持续改进的过程必然会涉及PDCA的每一个阶段,不论是针对具体任务的"小循环",还是针对整个管理体系的"大循环",都能展示出PDCA模型在持续改进方面的强大能力。PDCA循环不仅是对管理体系建设改进的促进方式,更是实现管理体系的适宜性、充分性和有效性的保障方法。

本章小结

本章内容是国内外合规管理的理论概述与企业实际操作的交融。针对企业在自律式合规中的常见需求，我们深入探讨了合规管理体系的四大核心环节：建立、实施、维护和持续改进。这些环节基本涵盖了自律式合规所需的所有体系要素和活动类型，使我们深入理解了自律式合规方式的有效性和充分性，以及它所具备的强大的持续改进能力。配备了这种正式的"自律式合规"的视角和知识，我们在审视其他合规方式时，仿佛拿在手中的是一把专家级的尺子，同时也为我们对各类组织的合规管理提供了权威的知识储备。

然而，对于正走在成长道路上的企业来说，并非只有这一种合规方式，还有一些基于企业发展需求和能力的其他合规方式可供选择，例如我们在引言和第一章中已经提到的法律顾问服务、内部控制体系和法律风险管理体系等。这些方式的充分性和有效性如何？它们各自的存在价值是什么？是否需要或如何向自律式合规方式转变？这些问题，是我们在下一章要深入探讨的主题。

第三章
其他合规方式：合规的多元化实现

条条大路通罗马。

——《罗马典故》

本书第一章已经介绍过，在未建立正式的合规管理体系之前，企业可能已经采用了一些具有合规功能的措施，这些措施可被视为区别于构建正式合规管理体系的合规方式。在这类合规方式中有三种比较典型，即法律顾问服务、内部控制和法律风险管理，在性质上分别是自救式、自控式和自护式合规。无论企业采取了上述三种合规方式中的部分还是全部，这些合规方式中包含的合规功能和机制，都可以综合地形成企业中非标准规范但结构化的合规管理系统。如果按照ISO37301标准对该系统进行持续改进，就可能使之逐渐演变为符合国际标准的合规管理体系。

　　本章分三节分别讨论法律顾问服务、内部控制和法律风险管理中的合规功能。

第一节　自救式合规——法律顾问服务

法律顾问服务，不仅关注法律问题，更关注为客户提供全面的解决方案。

——罗伯特·勒芒

一

并非所有组织都需要或已经创建了独立的合规团队和符合国际标准的合规管理体系。对于小型创业公司而言，构建完整的合规管理体系，不仅并非管理的刚性需求，而且可能超出了企业的承受能力。这类企业，常常倾向于利用法律咨询服务以实现依法依规经营，进而期望通过这种方式来满足其合规需求。

企业获取法律顾问服务，从合规的角度来看，实际上是一种合规职能的配置。即使在当前建立独立的合规管理团队已深入人心并在企业中普遍实施的环境中，有些组织仍然将许多企业合规职能分配给现有岗位，或通过外包实现合规。法律顾问服务，如果来自外部的法律咨询机构，则是一种典型的外包。

显然，根据我们在第二章中获得的知识，企业在考虑将合规职能外包时，应避免将所有的合规职能都交给第三方。即使组织选择外包部分职能，也应考虑保留对这些职能的管理权限，并对其进行有效的监督。

二

在大华公司作为一家初创科技公司的那些年里，其关键任务是开发和销售智能硬件产品。虽然大华公司发展势头良好，但作为一家初创企业，公司规模并不大，员工数量不到100人。在刚开始营运时，大华公司并没有建立独立的合规团队，也未构建符合国际标准的合规管理体系。这主要是因为公司的业务规模和管理需求并未达到需要专门设立合规团队的程度，同时，公司也没有足够的资源，来建立和维护一个全面而完善的合规管理体系。

尽管如此，大华公司依然非常重视合规问题，因此选择了包含法律顾问服务在内的职能分配方式来实现合规目标。一方面，他们将一部分基础的合规职能分配给现有的各部门和岗位，例如会计部门负责税务合规，人力资源部门负责劳动法合规，销售部门负责售货合同义务合规等。另一方面，大华公司也选择了将一部分专业和复杂的合规职能，比如数据保护和隐私专项合规计划的打造、合规尽职调查、内部合规调查和执法调查的应对等，外包给专业的法律服务机构。

当然，大华公司在将合规职能外包时保留了对这些职能的管理权限，并建立了监督机制，设立了一个由公司领导和各职能部门负责人组成的跨职能合规协调机构，专门负责监督和审查外包的合规服务，确保他们的工作符合公司的业务需要和合规需求。

随着公司不断壮大，大华公司成立了自己的合规团队，并构建了完整的合规管理体系。之所以采取这样的决定，是因为单独依靠法律顾问服务，无法为大华公司提供一个系统性的合规管理框架，且这种服务方式，存在着处理问题的延后性和解决方案的单一性问题。这种延后性和单一性，成为大华公司处置合规问题的一大痛点，对其资源投入，也仅是一种救济性成本。这也是法律顾问服务被形容为"自救式合规"的主要原因。

举例来说，大华公司在建立正式的合规管理体系之前，曾经遭遇一道涉及国际贸易的业务处理难题。虽然公司的法律顾问对此进行研究并提供了专业建议，但由于法律顾问通常是在问题出现后才介入，无法提前识别并预防风险，结果这次业务处理事件给公司造成了损失。法律顾问虽然在事件发生后提供了解决方案，但对于如何防止类似问题的再次出现，并未给出具体的预防策略。这就是"自救式合规"的滞后性表现，也反映出法律顾问服务在合规问题处置方面的局限性。

尽管依赖法律顾问服务存在一定的局限性，但在大华公司建立正式合规管理体系之前，通过职能分配和利用法律顾问服务，公司已经在一定程度上实现了有效合规。更为重要的是，这种基于法律顾问服务的合规方式，作为正式合规管理体系的基础组成部分，根据企业发展各阶段，对不同合规方式需求的结构化进行匹配，为大华公司构建正式的合规管理体系节省了时间和资源，并为企业员工提供了宝贵的合规实践经验。

三

企业的法律顾问服务，不论是来自外部的法律咨询机构，还是内部的法务团队，通常都是作为企业管理实践中的一个重要机制来运作的。它为企业提供法律意见，解答法律疑问，参与商业决策，调解、仲裁和诉讼，进行法制宣传，拟定法律文书，应对法律事件，处理法律事务等，如图3-1所示：

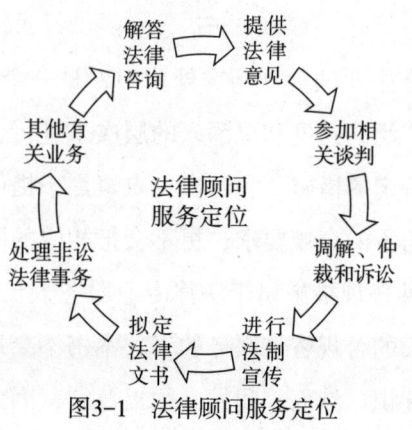

图3-1　法律顾问服务定位

法律顾问服务的外延，则包括了该服务在企业内部各个业务领域和决策层面的应用和影响，以及企业与外部利益相关方（例如客户、供应商、政府等）的法律关系维护。可以说，法律顾问服务在企业管理实践中扮演着为经营服务和法务处理提供专业支持的角色。

对于企业的合规问题处置来说，法律顾问服务的作用是非常重要的。企业的合规范围不仅包括遵守法律法规，还包括遵守企业的内部规章制度、行业规范、商业伦理和社会责任等。在这个过程中，法律顾问服务既是指导和支持合规实现的重要力量，也是检查和监督合规情况的重要工具。

四

虽然法律顾问服务很重要，但它仅能涵盖完善的合规管理体系所要求的部分功能。合规管理体系涉及的许多要件，无法被法律顾问服务完全涵盖，如领导作用、治理和文化、合规方针、合规类型、各级承诺、岗位和职责、义务和风险及其维护与变更、能力和意识、沟通和培训、控制和程序、文件化、内部审核、管理评审、监视和测量、提出疑虑的机制、调查过程、管理不合规以及持续改进等。法律顾问服务可以覆盖和支持这些要件的部分功能，但并不能完全替代它们。

五

法律顾问服务在企业的合规问题处置中，是一个重要的支持和保障，但企业还需要从更广泛的角度和更深入的层次来进行合规管理。因为法律顾问服务只是一种特定的措施，它的出发点聚焦于提供法律专业支持，不能完全符合管理视角下的合规要求，更不会把相应的国际标准文件作为工作参考。此外，这种合规措施属于法律专业服务人员的业务范畴，因此，作为一本聚焦于全面的合规咨询服务的书，本书不会过多深入探讨这一法律服务领域的专业知识。然而，我们必须提及它，因为无论如何，法律顾问服务仍然是许多企业在考虑合规策略时都可能会运用到的一个方面。

更为重要的是，尽管法律顾问服务是一种相对滞后的"自救式"合规方式，但它仍然可以被视作符合国际标准的"自律式合规"的初始形态和基础。企业完全可以从这种合规方式入手，遵照ISO37301标准的要求，对一些有效的元素进行结构化整合，使之逐步过渡到正式的合规管理体系，从而避免初建正式合规管理体系时剧烈的方式转型所带来的困扰。

六

从第二章的讨论中我们已经知道，明确的合规义务，来源于法律和监管环境。因此，法律顾问服务成为企业合规管理中不可或缺的一环，它负责持续地提供合规义务来源识别的专业支持与协助。这就引出了一个问题：如何才能更有效地理解和把握法律和监管环境，以便及时提供合规义务的信息来源？答案就在于构建一个以经营管理为中心，能适应企业需求的法律图谱，如图3-2所示：

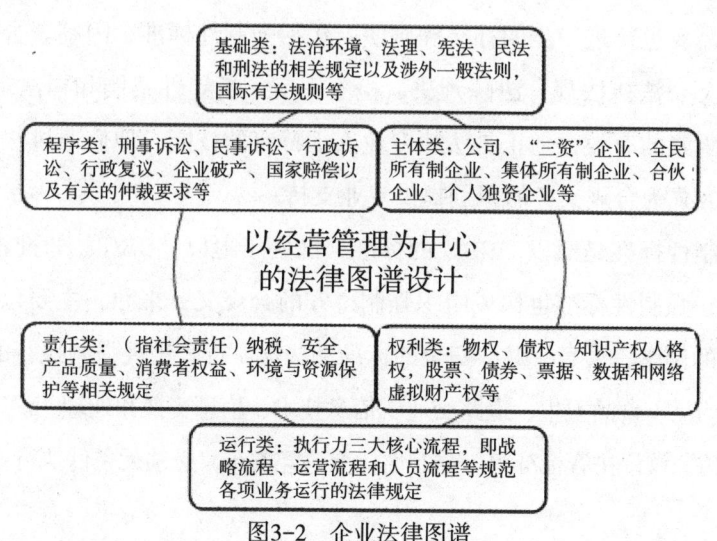

图3-2 企业法律图谱

图3-2的法律图谱以企业经营管理活动为中心，明显区别于传统的学术型法律知识体系，主要倾向于面对企业法律环境，重点关注为商业决策

和实践操作提供有力支持，而非仅仅专注于法律专业知识的探索与传播。图谱采用了基础类、主体类、权利类、运行类、企业社会责任类和程序类等六个维度对法律规范和法律知识进行分类，这种构架更专注于满足企业经营各个方面的法律需求，而非直接简单地按照传统的法律部门划分（例如刑法、民法等）的方式运用于经营管理实践。这种设计体现了强烈的实践倾向，其主要目标在于解读影响企业经营的各项法律原则和制度。总的来说，这个法律图谱旨在作为一款专为企业量身定制的、注重实际操作的工具，而不是仅仅服务于专业法律研究和教育的结构平台。这种方式能使法律专业人士在为企业提供顾问或其他法律服务时，更具目标明确性，同时也帮助企业在选择法律服务时，更加明晰如何评估对方的专业知识结构。

七

在探讨合规义务的来源时，必须考虑到在中国特有的国情下，某些合规义务需要进行进一步的补充和阐明，包括强制性标准、因签署合同而产生的义务、法律法规、法院判决、检察决定、指导性案例和司法解释等。对这些因素的有效评估正是法律专业人士特有的技能，他们通过法律顾问服务的方式为合规义务的识别提供专业支持。

强制性标准是冠以"GB"的标准，区别于冠以"GB/T"的推荐标准。在我国，强制性标准也构成组织强制遵守的合规义务来源，主要包括为保障人体的健康、人身、财产安全的标准和法律、行政法规强制执行的标准，如包括药品、食品卫生、道路交通、信息技术、信息交换和处理、汉字编码、国际单位、汉语拼音标准等。强制性标准一经发布，必须无条件执行。

八

因签署合同而产生的义务，源于组织与其合作伙伴之间的合同条款，这些条款常常涉及各种合规要求。一旦组织决定与这样的合作伙伴进行交易，就必须遵守与该合作伙伴签署的合同所规定的合规义务。

例如一家国际制药公司与其供应商签署了一份合同，其中包括一项合规义务：该公司必须确保其供应链符合国际人权标准。一旦签署这个合同，制药公司就有责任确保其供应商不利用童工，且工人的工作环境符合国际劳工组织（ILO）的规定。

合同所产生的义务主要有两种情形：一种是直接写入合同条款中的具体义务；另一种则是合同条款中涵盖的法律法规、强制性标准等强制性要求，这些要求也会成为合规义务。

例如一家电子产品制造公司与零部件供应商签订了合同。合同中明确规定，零部件必须满足欧盟的 ROHS 指令，这是一种强制性环保标准，要求限制在电子和电气设备中使用特定危险物质。尽管合同并没有明确列出这是一项合规义务，但由于 ROHS 指令是强制性的环保标准，因此，它成了制造公司的合规义务。如果制造公司的产品不能满足这一标准，就可能面临罚款，甚至被禁止在欧盟销售产品。

九

法律法规，一般是指立法部门和执法部门（包括行政和监管部门）制定的法律规范性文件。法律法规在我国司法管辖区内主要体现为如下形式：现行有效的法律、行政法规、地方性法规、自治条例和单行条例。其中，"法律"只取其狭义上的理解，即仅指全国人大及其常委会制定的规范性文件。

举例来说，现行有效的法律，如《中华人民共和国刑法》；行政法规，如《中华人民共和国食品安全法》；地方性法规，如《北京市城市管理行政处罚条例》；自治条例，如《广西壮族自治区民族语言文字使用条例》；单行条例，如《中华人民共和国逮捕拘留条例》等。

十

在我国的法律环境下，法院判决，仅对其直接涉及的案件当事人具有约束力。这意味着，相同或类似的其他案件并不会受到该判决的直接影响或限制。这种判决只能作为其他案件的参考，而无法成为确立法律规则的权威依据。

以某公司因侵犯知识产权而被告的案例为例，法院的判决要求该公司赔偿损失并停止侵权行为。然而，这一判决仅对该公司具有约束力。即使有其他公司犯下类似的侵权行为，此前的判决也不能直接作为约束他们的法律依据。

除了法院的判决外，我国的检察院会作出检察决定。这些检察决定同样对所涉当事人具有约束力。

举例来说，假设检察院对某个企业发起了一项公开调查，并最终作出了决定，该企业存在违规行为并应采取一定的补救措施。这一决定将成为该企业必须遵守的合规义务，如果企业不按照决定行事，可能会面临法律上的进一步处罚。

十一

在我国法域内，最高人民法院、最高人民检察院会颁布指导性案例、司法解释，根据其相关内容和具体企业的情况，这些都可能成为组织合规义务的来源。

例如，最高人民法院发布的指导案例 45 号（2015 年）。该案例涉及北京百度网讯科技有限公司与青岛奥商网络技术有限公司等的不正当竞争纠纷。案例明确，即使反不正当竞争法未明确列举，但互联网服务商在其他经营者网站的搜索结果页面强行弹出广告等行为，依据反不正当竞争法第 2 条的原则性规定，可被认定为不正当竞争行为。这对于打击网页强行弹出广告等常见的不正当竞争行为，维护公平竞争的市场秩序具有重要的指导意义。

最高人民法院颁布的指导性案例对非本案当事人虽不具备强制约束力，但会成为法院对某些相同或类似案件进行判决的依据。组织为了解相关法律法规在具体案件中适用的标准和边界，也要研究最高人民法院颁布的指导性案例。

司法解释是最高人民法院、最高人民检察院为解决审判、检察工作中的"具体应用法律的问题"而依法制定的规范性文件，其形式分为解释、规定、规则、批复和决定五种，对司法主体与执法主体具有普遍的约束力，效力所及的任何组织和个人都需要遵守。

例如，《最高人民法院 最高人民检察院关于办理破坏野生动物资源刑事案件适用法律若干问题的解释》发布于2022年4月9日，是为依法惩治破坏野生动物资源犯罪，保护生态环境，维护生物多样性和生态平衡，就办理此类刑事案件适用法律的诸多问题进行的一系列详细解释。对法院、检察院、律师、公证处等司法主体和服务主体，以及包括公安、海关、税务、市场监督管理、环保、城管、劳动保障、食品药品监督、交通运输、教育、卫生、质量监督、证监会、银保监会等执法主体具有普遍的约束力。

十二

本节深入探讨了"自救式合规"——法律顾问服务的深层含义与广泛适用性。这种合规方式，可以是企业在特定发展阶段的最佳选择，也是企业整个生命周期一直需要的职能，同时也对企业和法律顾问机构在理解其工作范围和职责上提出了更高的要求。应该认识到，"自救式合规"并非最终目标，而是向最高层次的"自律式合规"过渡的必要铺垫。在这个过程中，企业方需要积极学习并主动适应法律环境的变化，而法律顾问服务方则承担着为企业提供专业化、个性化法律支持的责任，从而为确保企业包括合规在内的管理实践顺利进行提供有效的选择服务的机会。

第二节 自控式合规——内部控制

内部控制不仅关乎企业的财务安全，还涉及企业的声誉和社会责任。

——马克·艾伦

一

如果一个企业想要建立内部控制体系，但又对内部控制的原理和操作知之甚少的话，那么他们首先需要获得的，无疑是世界公认的内部控制规范性指引，例如COSO发布的2013年版《内部控制—整合框架》。这个框架既为人们提供了理解内部控制的系统知识，又是设计和实施内部控制的有效工具，同时，它还代表了企业内部控制体系的核心和架构。该框架之所以被称为"整合框架"，是因为"整合"这个词表明框架提供了一个全面的视角，将可能影响组织重要目标的要素和过程都纳入考虑，并将它们融为一体，达到整合且高效地运行，实现各要素、过程间的有机配合和协同。之后将其整合到企业相关流程之中，以实现各环节的协调和共同作用，从而确保各个要素和流程之间有机地配合，达到协同效应。

总体上，内部控制框架由三大体系构成，分别是目标体系、要素体系和结构体系，如图3-3所示：

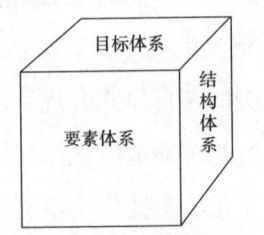

图3-3 内部控制框架三大体系

图3-3中，企业的相关目标如果被纳入内部控制的目标体系之中，就会受到整个内部控制体系的影响。如果只把企业的合规目标纳入该框架，那么，这个内部控制框架所实施的所有过程，就都是合规控制过程了。

关于目标体系，《内部控制—整合框架》只接纳三类目标，分别是运营、报告和合规目标。如果把目标体系中的目标扩展到战略层面，则会超出内部控制的功能范围，此时，管理职责便转向了企业风险管理；相应地，其他方面也要根据风险管理的要求另行布局。应当从企业的使命、愿景入手，基于企业核心价值创造活动，将企业风险管理实践与战略制定和绩效管理相整合。（详见2017年版COSO《企业风险管理——战略与绩效整合》）

结构体系，指的是内部控制运行于其中的组织结构，比如整个企业、分支机构、业务单元或者职能部门等。

要素体系规定了内部控制必须包含的、支持目标实现的要素，共有5个要素，分别是：控制环境、风险评估、控制活动、信息与沟通、监督活动。各要素的细节由一系列原则构成。

因此，更细化的内部控制—整合框架如图3-4所示：

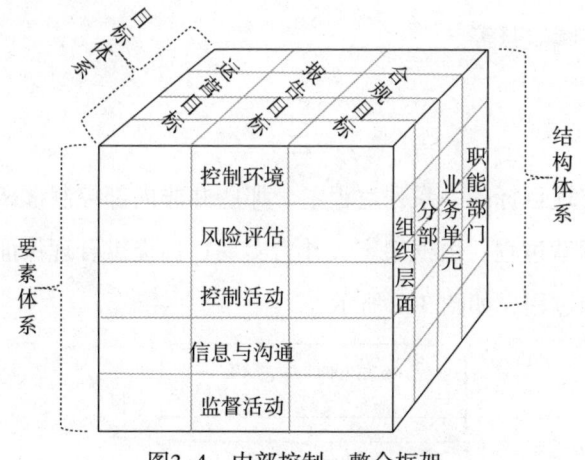

图3-4　内部控制—整合框架

这一框架的细节我们放到后面去讨论。这里要理解的是，内部控制是由"内部控制—整合框架"定义的一系列目标、要素和原则生成的过程，这些过程运行于该框架的结构体系之中，并为实现目标体系中的各个具体目标提供合理保证，如图 3-5 所示。

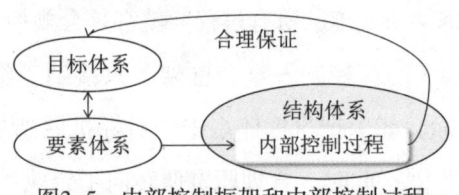

图3-5　内部控制框架和内部控制过程

如果我们将图 3-3 和图 3-4 称为内部控制框架概念图的话，就可将图 3-5 理解为内部控制体系的动态图，它展示了内部控制框架中体系间的相互作用和过程的动态实施。在图 3-5 中，内部控制过程（简称为"内部控制"）产生于内部控制框架中的目标体系和要素体系的互动，运行于内部控制框架中的结构体系之中，从而为框架目标体系中目标的实现提供合理保证。

任何被纳入内部控制框架目标体系中的运营、报告或合规目标，都会被内部控制体系关注，并通过一系列具体过程进行控制，这些过程包括建立和维护控制环境、评估风险、设计和实施控制活动、进行有效的信息沟通以及进行持续监督等。

二

企业在实现目标的一系列过程中，那些并非内部控制框架定义的过程属于管理或运营过程，由框架定义并为实现目标提供合理保证的过程，都属于内部控制过程，如图 3-6 所示。

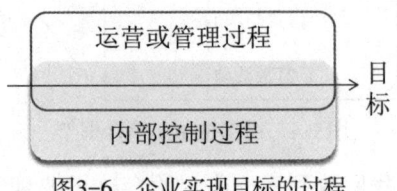

图3-6　企业实现目标的过程

图 3-6 中，企业实现目标的过程，由运营或管理过程和内部控制过

程共同构成。两者的重叠部分，意味着内部控制被嵌入了具体的运营或管理过程之中后，内部控制过程与运营或管理过程交叉运行，共同服务于企业目标的实现。至于那些没有交叉的部分，则各自独立地服务于企业的运营、管理和控制。

例如，企业报销流程是一个常规的运营过程，员工在购买办公用品或出差时需要报销费用，会提交报销申请，而属于内部控制的审批流程被嵌入了报销流程之中，员工报销申请需要经过一个或多个层次的审批。

再如，库存管理是零售业的一个关键运营过程。内部控制过程如周期性的库存盘点，被嵌入这一过程中。

在制造业，质量控制是一种内部控制过程，它被嵌入生产流程中。比如，一个零件在整个生产过程中的不同阶段都会经历质量检查，以确保产品满足预定的质量标准。

在软件行业的软件开发过程中，代码审查是一种内部控制手段。开发者在提交代码后，其他人员会对其进行审查，以确保代码质量和遵循最佳实践。这个过程就是内部控制嵌入软件开发流程的一个例子。

在招聘新员工的过程中，HR 部门可能会要求对所有关键岗位上的潜在员工完成背景调查和工作历史验证，这是内部控制过程的一部分。这样做可以保证新员工的合格与合规，减少潜在的风险。

三

下面，我们再针对上文中绘制的图 3-4，根据框架中目标体系、要素体系和结构体系，举一个针对整个框架的、极其简化的例子，以便为之后讨论整个框架的构成和运行，预先提供一个感性而直观的案例。

假设某电商公司设定了一个"增加其在线销售额"的绩效目标，从这个目标中明确出来的一系列"运营目标、报告目标和合规目标"等，将被纳入公司的内部控制框架的目标集之中。

为实现这个目标,公司需要进行一系列内部控制。

(一)建立和维护控制环境

公司高层强调对诚信和道德价值的承诺,对于任何违反诚信和道德的行为都采取零容忍的政策,公司董事会积极对内部控制的实施和效果进行监督,管理层确立了清晰的组织架构和汇报路线。例如,销售部门负责实现销售目标,市场部门则需要开发并执行有效的市场策略以吸引和保留客户。此外,公司在招聘时,倾向于选择具有电商行业经验和成功销售记录的人才。对于在职员工,公司提供了丰富的培训和发展机会。公司要求所有员工明确理解他们在实现销售增长目标中的角色,并承担相应的内部控制责任。例如,销售团队的责任是实现销售目标,市场部门的责任是制定和执行有效的市场策略。此外,公司通过绩效评估和奖励机制,激励员工积极参与并承担责任。

控制环境,是内部控制框架中所有目标共享的。

(二)评估风险

将运营进一步细化为具体、可衡量的子目标,例如每季度销售额增长10%,每年新增客户数量15%。接着,公司针对已明确的目标进行了全面的风险识别和分析,识别出了可能影响销售额增长的风险,包括竞争压力、经济状况、消费者购买力的变化、技术更新、公司人员虚假销售,恶意操作网站的用户评价,以及销售人员为了达到销售目标而采取不道德的销售策略等,同时始终关注可能对内部控制体系产生重大影响的变化,包括市场动态、客户需求、竞争情况、法规变化、公司策略调整等,并定期评估这些变化对内部控制和目标实现可能产生的影响。

(三)展开控制活动

针对所识别出的风险,电商公司采取了以下控制措施:

◆ 不相容职务分离控制:销售人员负责推销产品并达成销售,而账务人员负责记录和审计销售业绩,这两个职务是相互独立的。

◆ 授权审批控制：在特殊情况下，例如大额折扣销售，需要得到高层的特别授权。这种授权必须遵循明确的程序，并有明确的责任人。同时，公司实施集体决策审批或者联签制度，防止任何个人单独进行决策或者擅自改变集体决策。

◆ 财产保护控制：针对线上销售的特点，公司采用了先进的信息技术，保护客户的个人信息和交易信息的安全。同时，公司严格限制未经授权的人员接触和处置客户信息。

◆ 预算控制：公司根据销售目标制定销售预算，明确各责任单位在预算管理中的职责权限，并强化预算约束。此外，公司通过预算控制，监测销售活动的效果，防止销售人员为了达到销售目标而采取不道德的销售策略。

◆ 运营分析控制：经理层定期开展运营情况分析，发现存在的问题，及时查明原因并加以改进，以便及时发现并解决可能影响销售额增长的问题。

◆ 绩效考评控制：公司对销售人员的销售业绩进行定期考核，同时将考评结果作为确定员工薪酬以及职务晋升、评优、降级、调岗、辞退等的依据。

◆ 风险预警机制：公司根据销售目标和风险评估结果，制定了重大风险预警机制和突发事件应急处理机制，能够对可能发生的重大风险或突发事件进行及时妥善处理。

（四）进行信息沟通

为了实现目标并有效地运行内部控制，电商公司通过以下方式确保信息的准确性和有效的沟通。

◆ 获取和生成高质量的信息：公司通过市场调研报告、内部销售数据、客户反馈、竞品分析等方式获取和生成与增加在线销售额相关的高质量信息。

◆ 内部信息沟通：公司在各个管理级别、业务环节之间传递目标、策略和业务信息，确保所有的员工都清楚了解公司的销售目标以及他们在实现这个目标中的角色。对于关键信息，例如销售目标和策略，风险评估结果等，公司会将其及时传递给董事会、监事会和高级管理层。

◆ 外部信息沟通：电商公司通过业务往来单位、市场调查、网络媒体等渠道获取外部信息，了解市场动态、客户需求、竞争情况、法规变化等，这些信息有助于公司及时调整销售策略和内部控制活动。

◆ 信息系统和网络安全：公司为保障信息系统安全稳定运行，对信息系统的开发与维护、访问与变更、数据输入与输出、文件储存与保管、网络安全等方面进行严格控制。

◆ 反舞弊机制：针对识别出的风险，例如公司人员虚假销售、恶意操作网站用户评价等，公司明确了反舞弊工作的重点领域和关键环节，并规定了举报、调查、处理、报告和补救程序。此外，公司还建立了举报投诉制度和举报人保护制度，设置了举报专线，确保企业有效掌握信息。

（五）进行持续监督

电商公司在实现其运营目标的过程中，实施了持续的内部监督，包括以下内容。

◆ 日常监督：电商公司进行日常监督，包括对销售额的持续监测，以评估进度是否符合设定的目标。此外，公司也会定期进行控制活动的审查，以保证这些活动仍然有效，并能适应可能的业务或环境变化。

◆ 专项监督：当公司的发展战略、组织结构、经营活动、业务流程或关键岗位员工发生较大调整或变化时，公司会对内部控制的某一或某些方面进行专项监督。例如，如果销售策略发生重大变化，或者在某一季度销售额显著偏离目标，公司就会进行专项监督。

◆ 缺陷评估和整改：在监督过程中，如果发现有内部控制的缺陷，例如销售人员虚假销售，或者财产保护控制不足等，公司会对这些缺陷进行详细的分析，确定其性质和产生的原因，然后提出相应的整改方案。对于重大的缺陷，公司还会将情况及时报告给董事会、监事会或经理层，并对相关的责任单位或责任人员追究责任。

- 自我评价：电商公司还会定期对内部控制的有效性进行自我评价，包括对控制环境、风险评估、控制活动、信息沟通以及监督活动的评价。自我评价的结果将以内部控制自我评价报告的形式，提交给公司的治理机构和高级管理层。
- 记录和资料保存：为确保内部控制建立与实施过程的可验证性，公司以书面或其他适当的形式，妥善保存所有与内部控制相关的记录和资料。

四

下面我们将讨论内部控制的定义，以及它到底是什么。

COSO（Committee of Sponsoring Organizations）对内部控制有着明确的定义。COSO是世界上权威的内部控制标准制定组织，它是美国反虚假财务报告委员会下属的发起组织委员会。2010年11月，COSO启动了对1992年版《内部控制—整合框架》的修订项目，并于2013年5月正式发布了2013年版《内部控制—整合框架》及其配套指南。在这最新版的内部控制框架中，对"内部控制"的定义如下：

内部控制是一个由主体的董事会、管理层和其他员工实施的、旨在为实现运营、报告和合规目标提供合理保证的过程。

虽然该定义中将内部控制说成是一个过程，但实际上内部控制是一系列过程。

内部控制不是一个事件或情况，而是一个动态且反复的过程，它作为管理层经营组织的固有方式渗透于组织的各类活动中。

在上述的案例中,从第1部分到第5部分的所有过程,都属于内部控制过程,简称内部控制。其中的所有过程,都是由内部控制框架的要素体系贡献的,部分具体过程是由要素体系与目标体系的互动贡献的,比如风险评估要素中的目标明确过程。所有5个部分的过程的总和,构成了企业的内部控制过程,内部控制的定义也由此而来,它运行于企业的结构体系之中,如图3-7所示:

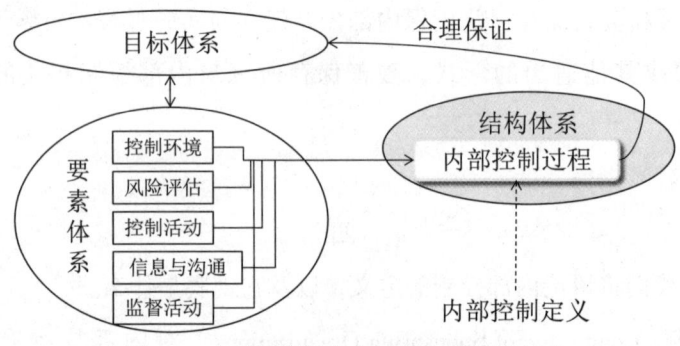

图3-7 内部控制的定义及其中过程的来源

图3-7是将图3-5扩展后的内部控制框架动态运行图。图3-7中,目标体系为要素体系提供了一系列运营、报告和合规目标,使得要素体系可以根据诸要素及要素内的原则贡献控制过程。

嵌入在企业经营管理过程中的控制,由政策和程序组成。

例如,某家科技公司正在研发一款新的软件产品。公司的管理层和董事会制定了一项政策,旨在确保新软件的质量,该政策明确了新软件开发的各个阶段,如需求分析、设计、编程、测试和发布等。这个政策不仅以详细的指南文档形式存在,还通过管理层的定期会议和培训,确保员工了解并遵守政策。同时,管理层通过在实际工作中对政策的执行情况进行监督,体现了他们对政策的坚决支持和执行力。

有了政策,程序则由落实政策的一系列行动构成。

仍然是以上例子,为了实施上述政策,公司设计了一套详细的程序。

例如，每次开始新的软件开发项目时，首先会进行需求分析，以确定软件需要完成的任务；其次，设计团队会根据这些需求绘制软件的设计图；再说，编程团队开始根据设计图编写代码；然后，在编写完成后，测试团队会对软件进行详细的测试，以确保它可以正确工作；最后，一旦所有测试都通过，软件就可以发布了。

另外，管理层运用规划、执行和检查等基本的管理活动，对单独的或跨单位、跨职能的业务流程进行管理。例如，公司的管理层对以上软件开发过程进行了密切的监督，定期检查每个阶段的完成情况，确保每个步骤都按照既定的程序进行。如果出现偏差，他们会及时调整，以确保整个过程的顺利进行。

这样，内部控制就被完整地整合到了公司的业务流程中，使得从软件的开发到发布，每个步骤都在控制之中，以此确保软件的质量，最终为公司带来更好的效果和更高的效率。

定义中阐明了内部控制是由人来实施的，其过程不是单纯的政策、流程手册、系统和表单，而是包括组织中各层级人员以及他们所实施的可能影响内部控制的行动，这些行动由董事会、管理层和其他人员实施，即由组织中的人及其言行举动来完成。这些人员先建立组织目标，然后将其付诸行动，就像前一部分案例中描述的那样。

内部控制是旨在为实现运营、报告和合规目标提供合理保证的过程，即内部控制要分别或共同实施运营控制、报告控制和合规性控制。有效的内部控制体系为管理层和董事会实现组织目标提供合理保证。"合理保证"与"绝对保证"不同，前者承认任何内部控制体系都存在局限性，比如人为错误、固有不确定性的判断、发生在内部控制和管理层控制范围之外事件的潜在影响、员工串通舞弊、管理层凌驾于内部控制之上等，这些局限性会造成内部控制体系部分或完全失效。

举例来说，一家制造公司的库存控制部门由于人为因素，误将原材料的数量输入多了。一家保险公司可能会基于历史数据和现有模型预测未来的保险赔付金额，并据此确定保费（固有不确定性的判断）。然而，由于存在诸如自然灾害等无法预测的风险，这种预测可能存在误差。再如一家制药公司可能严格遵守所有的生产和测试规程，但是无法控制外部因素，如药品原料供应商的质量问题或物流延误等，这些是发生在内部控制和管理层控制范围之外事件的潜在影响，可能影响其药品的质量和及时上市。

在员工串通舞弊方面，一个例子是销售团队的几个成员串通起来，在销售报告中夸大销售额，以获取更高的销售佣金。即使有严格的内部审计和监控措施，如果员工之间的合谋非常隐秘，这种舞弊行为可能还是会发生。

管理层凌驾于内部控制之上，为了自身的利益或短期目标，无视或绕过内部控制。例如，CEO为了实现季度利润目标，而推动无法按时完成的项目，导致质量问题或无法遵守行业合规规定。

所有这些例子都凸显了内部控制的局限性，即使在最理想的条件下，内部控制也不能提供绝对的保证，而只能提供合理的保证。这说明虽然一个主体的内部控制体系应当被设计成能预防和识别串通舞弊、人为错误和管理层凌驾，但一个有效的内部控制体系仍有可能遭遇失败。

定义还表明了，内部控制与组织的结构相适应，其框架中的结构体系拥有广泛的适用性，可灵活应用于整个组织或其中的一个下属单位、分部、业务单元、业务流程，或应用于主体的管理运营模式或/和法人结构等维度。

假设一家跨国汽车制造公司，其管理运营模式是根据产品线来设计的，分别有轿车、SUV和商务车三大产品线，每个产品线都有自己的管理团队和资源分配。这个模式帮助公司针对每个产品线制定特定的战略，分析产品线的业绩，并针对不同的产品线进行优化。

与此同时，这家公司的法人结构是为了遵循各个国家/地区的监管要求，控制风险以及享受税务优惠而特别设计的。公司在美国、德国、中国等国家设立了分公司，每个分公司都是独立的法人实体，根据当地的法律法规进行运营。

在内部控制层面,公司根据这两种结构对内部控制进行了设计和实施。对于管理运营模式,公司为每个产品线设立了专门的内部控制体系,以确保资源的合理分配、产品质量的控制,以及市场策略的执行。而在法人结构方面,公司对每个分公司设立了内部审计部门,以监督分公司的合规性和风险控制。

这样的设计使得内部控制既适应了公司的管理运营模式,又适应了公司的法人结构,为公司的经营管理提供了有效的支持。

五

内部控制框架的目标体系中包含三种类别的目标:运营目标、报告目标和合规目标。这些目标的产生和细化涉及三类活动:建立目标、设定目标和明确目标。三类产生和细化目标的活动涉及三个范围:外界、企业内、企业内部控制内。如图3-8所示:

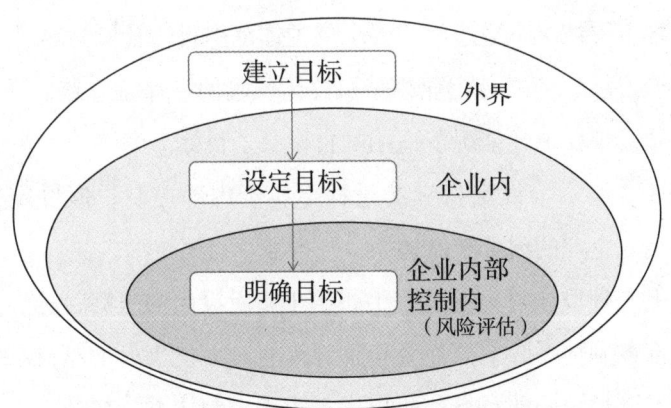

图3-8 内部控制目标体系中目标的来源

建立目标,指的是由企业外第三方建立与合规和外部财务报告目标相关的法律法规、规章及标准(如适用)。该目标的建立过程与企业无关(图3-8中最外侧的大椭圆),是由社会上的法律和行政机关、标准化组织等社会团体实施的过程。

建立目标这项活动，对于设定企业的运营目标是不适用的。这是因为，组织的运营目标是由组织自身设定的，尽管它可能在不同程度上受到外部建立目标活动的间接影响，如受到客户需求、外部环境等因素的影响（见图3-8中间的椭圆区域）。

许多合规目标和报告目标是由外部第三方建立的。例如外部报告目标可能来自中国财政部制定的《企业会计准则》、证监会制定的《证券公司监督管理条例》等。合规目标可能来自更广泛的法律法规，如来自《私募投资基金监督管理条例》《中华人民共和国公司法》《中华人民共和国劳动合同法》《中华人民共和国环境保护法》，以及国外经营的企业在该国适用的法律法规等。

注意，建立和设定目标，不属于内部控制的范畴。但建立的目标会通过设定目标的方式把目标传导到企业的内部控制体系中来。

设定目标，指的是一般意义上企业内部设定大小目标的过程，包括：

1. 在企业已建立的使命或愿景范围内，设定战略目标并进行战略选择。

2. 设定不同情况下适应组织要求的主体范围目标及风险容忍度。

3. 协调目标，使之与企业战略及总体风险偏好保持一致，并为主体及其下属单位设定在上述情况下适用的目标及子目标。

如图3-8所示，设定目标的过程不属于内部控制，但设定完成的目标，可被纳入企业的内部控制体系。

在以上三种设定目标的过程中，第1步所设定的战略目标，不会进入企业的内部控制体系，它是企业全面风险管理职能展开的基础。第2步和第3步所设定和协同的目标，可以进入内部控制体系，接受内部控制过程的关注。

设定之后可传导进入内部控制的目标包括三类，分别是：

1. 运营目标——组织运营的效果和效率，包括运营和财务业绩目标、保护资产以避免损失的目标。

以一家医疗机构为例,所设定的运营目标可能包括提高病人康复率、提升患者满意度、缩短病人等待时间、提高医疗资源利用率、提升设备的运行稳定性、延长其使用寿命、强化数据安全等目标。

2. 报告目标——内外部的财务和非财务报告的可靠性、及时性、透明度,以及监管者、标准制定机构和组织政策所要求的其他方面。

以某制药公司为例,可靠性目标可能包括财务报告准确无误,非财务报告真实反映公司信息,不得有误导性信息等。及时性目标可能包括按期发布财务报告,及时公开重大信息等。透明度目标可能包括公开透明的报告政策,报告中提供充分的解释和分析等。其他要求目标可能包括遵守监管者的报告要求,遵守公司报告政策等。

3. 合规目标——遵守组织所适用的法律法规及规章。

这里需要注意的是,对合规目标的设定,企业需要了解哪些法律法规及规章适用于主体。通常,许多法律法规及规章为人所熟悉,比如那些与人力资源、税收以及环境保护相关的要求,但是其他法律法规却可能被了解甚少,比如那些在国外开展业务的主体应适用的要求。企业需要根据自身的具体情况去识别适用于自身的法律法规义务,从而有针对性地设定合规目标。

以下是几个常见的合规目标示例:

A. 某金融服务公司设定了2项目标:1)通过内部审核部门和合规部门的共同工作,定期对所有的交易和操作进行审查,确保没有任何的欺诈、贪污或其他不法行为的发生;2)定期对员工进行反洗钱和反贪污的培训,以增强员工的合规意识。

B. 某家具制造公司设定了一个目标:在每个财务年度结束后的三个月内,由财务部门按照税务部门的要求,准备和提交完整、准确的纳税申报资料。

C. 某家薯片制造公司设定了一个目标:在每个产品的包装上,按照《中华人民共和国食品安全法》的要求,清晰地标注产品的营养信息,如热量、脂肪含量、蛋白质含量等。

D.某家物流公司设定了一个目标：所有的货运车辆必须符合国家环保部门设定的最大尾气排放量的要求。

明确目标：这属于内部控制范畴，更具体地说，属于内部控制要素中"风险评估"的基础（图3-8）。因此，明确目标的具体内容将放到后面"风险评估"要素中去讨论。

总之，内部控制框架中的目标体系，是内部控制活动的起点。除非企业或其结构体系已经建立、设定并明确了目标，否则设计和实施内部控制体系将是不切实际的。

六

内部控制框架中的5要素，是企业实现内部控制所有过程的贡献者。

所有内部控制过程分为5类，在内部控制框架中表现为5种要素，分别是：控制环境、风险评估、控制活动、信息与沟通、监督活动。

以上5种要素只是对内部控制过程的概括。更具体的控制活动，产生于与5种要素对应的17项原则。

因此，更全面的内部控制框架图，如图3-9所示：

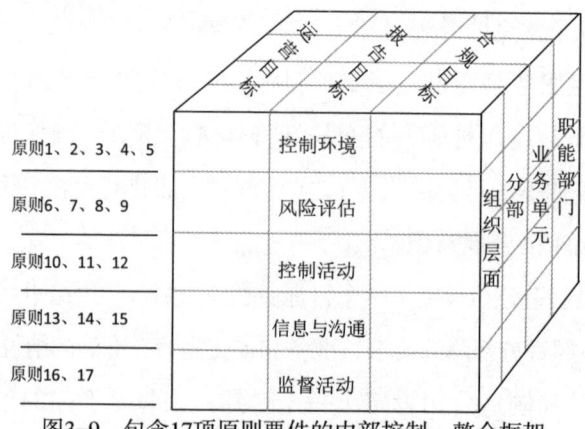

图3-9 包含17项原则要件的内部控制—整合框架

图 3-9 中 17 项原则的具体内容如图 3-10 所示：

控制环境	风险评估	控制活动	信息与沟通	监控活动
(1)对诚信和道德价值观的承诺 (2)董事会的独立和监督实施 (3)组织架构、汇报路线、权力与责任 (4)吸引、发展和留住优秀人才 (5)员工承担内部控制相关责任	(6)对目标进行足够清晰的明确 (7)识别实现目标所涉及的风险 (8)考虑潜在的舞弊行为 (9)识别并评估内部的重大变化	(10)选择并设定控制活动 (11)选择并设定一般IT控制活动 (12)通过政策和程序来部署控制活动	(13)获取、生成、使用高质量信息 (14)对内部控制信息进行内部沟通 (15)对内部控制信息进行外部沟通	(16)持续或单独的内部控制评估 (17)对内部控制缺陷的评估和沟通

图3-10　2013年版COSO内部控制原则

在内部控制框架中的所有内部控制过程，都是以上 17 项原则的具体体现。或者说，任何控制活动，都是出自以上 17 项原则中的一条或几条，这些原则规定了实现内部控制框架中各要素时所要做的事情。

因此，内部控制框架可以定义为：为实现主体目标而在主体结构内按照诸要素及其原则展开内部控制。

七

下面我们分别讨论内部控制框架中的 5 个要素部分，看看它们是如何产生诸多内部控制过程的。

第一个要素就是"控制环境"。

什么是控制环境？它指的不是纯粹的物理环境，而是一种从上至下刻意营造的内部控制氛围。

按照内部控制框架中的定义，控制环境是：

为在组织中实施内部控制提供基础的一系列标准、流程和结构。

与"控制环境"相关的五项原则如下：

原则 1. 组织应展现对诚信和道德价值的承诺。

原则 2. 董事会应展现出其独立于管理层，并对内部控制的开展与成效实施监督。

原则 3. 管理层为实现目标，应在董事会的监督下确立组织架构、汇报路线、合理的权力与责任。

原则 4. 组织应展现出其对吸引、培养和留用符合组织目标要求的人才的承诺。

原则 5. 组织为实现目标，应要求员工承担内部控制的相关责任。

为说明以上对"控制环境"的定义及其原则，下面我们以一家制药企业为例，看看其实施"控制环境"及相关原则的具体活动，并注明这些内部控制过程哪些属于定义中的标准、流程和结构：

原则 1：展现对诚信和道德价值的承诺

标准：制药公司制定了清晰明确的企业行为准则，规定了员工的工作行为要遵循的诚信和道德原则。

流程：对新员工进行入职教育，包括企业行为准则的学习；每年进行企业诚信和道德教育培训，并对培训效果进行评估。

结构：设立专门的企业道德和诚信委员会（或类似的职能机构），负责对公司内部的行为进行监督和评估。

原则 2：董事会独立于管理层，并对内部控制的开展与成效实施监督

标准：结构化地组建一个有利于公司治理的董事会，应确保一定比例的独立董事参与其中。

结构：董事会下设独立的内部控制委员会，负责评估和监督内部控制系统的有效性。

流程：内部控制委员会定期向董事会汇报内部控制系统的运行情况，包括潜在的风险和问题。

原则 3：管理层在董事会的监督下确立组织架构、汇报路线、合理的

权力与责任

标准：公司设定了明确的组织架构，明确了各部门和职务的权力与责任。

流程：管理层定期向董事会汇报运营状况，包括部门运行状况、目标完成情况等。

结构：设立独立的内部审计部门，负责评估各部门的工作情况，提供对管理层决策的反馈。

原则4：对吸引、培养和留用符合组织目标要求的人才的承诺

标准：制定了人才引进和培养政策，明确了人才标准和职业发展路径。

流程：设立了年度人才评估和培养计划，包括员工绩效评估、员工培训、关键人才的培养和晋升等。

结构：设立了专门的人力资源部门，负责公司的人才策略的制定和实施。

原则5：要求员工承担内部控制的相关责任

标准：在员工合同中明确了员工对内部控制的责任，包括遵守公司政策和规定、报告可能的风险和问题等。

流程：定期进行内部控制培训，教育员工了解和履行他们的责任。

结构：设立了内部举报机制，鼓励员工报告可能存在的问题和风险。

从以上案例可以看出，内部控制的诸多过程，都是从诸要素中具体的原则派生或设计出来的。

八

内部控制框架5要素中第二个要素："风险评估。"

在内部控制体系中，风险评估的先决条件是已建立、设定和明确了各种目标，这些目标已经被纳入内部控制框架的目标体系，并连接到企业内

不同的层级。管理层应充分明确运营、报告和合规三大类具体目标，以便识别和评估与这些目标相关的风险。

前文中我们讨论的建立、设定和明确目标，其中的"明确目标"正是属于本处风险评估的参照元素，它是风险评估四原则的首要原则，并作为另外三项风险评估原则的基础。

与风险评估相关的四项原则是：

原则6. 组织应对目标进行足够清晰的明确，以便识别和评估与目标相关的风险。

原则7. 组织应对影响其目标实现的风险进行全范围的识别和分析，并以此为基础来决定应如何管理风险。

原则8. 组织应在评估影响其目标实现的风险时，考虑潜在的舞弊行为。

原则9. 组织应识别并评估对其内部控制体系可能造成重大影响的改变。

我们先来讨论原则6：明确目标。

作为内部控制的一部分，内部控制框架目标体系中的目标，可通过以下方式进行明确：

—阐明和编纂具有明确性、可量化性或可观察性、可实现性、相关性以及时限性的目标。

—依据事实、具体情况和已建立的法律法规、规章及标准，评估内部控制目标和子目标的适用性。

—贯穿主体上下进行目标和子目标的沟通。

举例来说，企业的一个常见绩效目标项目是提高产品销售额。根据以上三步对这个目标加以明确，步骤大概是：

第三章 其他合规方式：合规的多元化实现

——目标的明确描述：在接下来的一个财务年度内，提高产品销售额20%。

——考虑市场趋势、竞争环境、产品的生产能力、法律法规等因素，来评估提高20%的销售额是否可行。同时，还需要确定子目标，例如提高市场覆盖率、产品品牌认知度等，以支持主要的销售目标。

——将这个目标及其子目标传达给所有相关人员，包括销售团队、市场团队、生产团队等，以确保大家对这个目标有共同的理解和认知。

被明确的目标不仅可以用于指导和推动企业的日常运作，同时也可以用作评价工作表现的标准。例如在以上例子中，如果在一个财务年度结束后，产品的销售额确实提高了20%或以上，那么就可以说这个目标已经完成，反之则表示目标未完成。

在原则6的"明确目标"完成后，风险评估要素中的原则7至原则9，同样以"在接下来的一个财务年度内，提高产品销售额20%"这个销售目标为例，所能设计或派生的控制活动如下：

原则7：全面识别和分析影响目标实现的风险

派生活动：制定一项全面的风险识别和分析程序，以确定可能阻碍销售目标达成的所有潜在风险。这可能包括产品质量问题、市场竞争激烈、供应链不稳定等因素。对每个风险进行评估，了解它们可能对目标达成的影响程度，并据此制定相应的风险应对措施。

原则8：考虑潜在的舞弊行为

派生活动：在风险评估过程中，特别关注可能的舞弊行为，如销售数据造假、虚假宣传等。

原则9：识别并评估可能对内部控制体系产生重大影响的变化

派生活动：对任何可能对企业内部控制体系产生重大影响的变化进行跟踪和评估。这可能包括新的市场规则、竞争对手的战略变动或是内部组织架构的改变等。一旦发现这样的变化，需要立即对风险评估进行更新，并在必要时对内部控制策略进行调整。

九

内部控制框架 5 要素中第三个要素是"控制活动"。这一要素包含了许多种类的具体控制活动,这些活动,如前文已经述及的,是通过政策和程序所确立的行动,旨在协助确保管理层关于降低影响目标实现的风险的方针已经落实。

在企业的各个层级、业务流程的各个环节,以及技术环境中都应实施控制活动。

控制活动要素所对应的三项原则是:

原则 10. 组织应该选择并执行那些可以将影响其目标实现的风险降至可接受水平的控制活动。

原则 11. 针对信息技术,组织应选择并执行一般控制活动以支持其目标的实现。

原则 12. 组织应通过政策和程序来实施控制活动。政策是建立预期,程序是将政策付诸行动。

同样地,以上述"在接下来的一个财务年度内,提高产品销售额 20%"这个绩效目标为例,以上三项原则所能选择的可能的控制活动如下。

(一)针对产品质量问题、市场竞争激烈、供应链不稳定等风险

预算控制:对市场推广、研发、生产等各个环节设定明确的预算,以确保在保持竞争力和稳定供应链的同时,不会给企业的财务健康带来过大压力。

运营分析控制:通过定期的运营分析,了解产品质量、市场竞争情况、供应链状态等因素对销售额的影响,并及时调整经营策略。

（二）针对可能的舞弊行为，如销售数据造假、虚假宣传等

授权审批控制：所有销售活动的展开都需要经过授权审批，以确保销售数据的真实性。此外，对虚假宣传等可能影响企业声誉的行为，也应进行严格的审查和控制。

会计系统控制：通过严格执行会计制度和程序，对销售数据进行准确记录和审核，防止数据造假。

（三）针对可能对内部控制体系产生重大影响的变化，如新的市场规则、竞争对手的战略变动或内部组织架构的改变等

绩效考评控制：通过定期对员工绩效的考核和评价，确保员工的行为与企业目标保持一致，抵御可能影响内部控制体系的外部变化。

重大风险预警机制和突发事件应急处理机制：企业应当对可能发生的重大风险进行预警，并制定应急预案，以确保在市场规则、竞争环境、内部架构等变化出现时，能迅速应对，保证绩效目标的稳定实现。

以上所列的控制活动应通过制定相应的政策和程序来执行，以确保这些控制活动能在实际操作中得到落实，从而有效降低风险，推动绩效目标的达成。

十

内部控制框架5要素中第四个要素："信息与沟通。"

该要素所对应的三项原则如下。

原则13.组织应获取或生成和使用高质量的、相关的信息来支持内部控制的持续运行。

原则14.组织应在内部对内部控制目标和责任等必要信息进行沟通，从而支持内部控制持续运行。

原则15.组织应就影响内部控制发挥作用的事项，与外部进行沟通。

同样以上述"在接下来的一个财务年度内,提高产品销售额20%"这个绩效目标为例,根据信息与沟通三原则和信息与沟通活动的具体内涵,企业可能采取以下行动来实现内部控制过程中的信息与沟通。

(1)针对原则13,企业会获取或生成高质量的相关信息以支持内部控制的持续运行,包括定期进行产品质量审核、市场竞争分析,以及供应链稳定性评估等。同时,企业要对这些信息进行合理筛选、核对、整合,以提高信息的有效性。此外,企业还要利用信息技术促进信息的集成与共享,以充分发挥信息技术在信息与沟通中的作用。

(2)对于原则14,企业需要在内部对内部控制目标和责任进行沟通。这可以通过定期的内部会议、工作报告等方式,清晰地沟通和传递绩效目标和各部门、各岗位的责任。在这个过程中,企业还需要设置举报专线,明确举报投诉处理程序、办理时限和办结要求,以确保潜在的舞弊行为、虚假宣传等问题能够被及时发现和处理。

(3)对于原则15,企业需要就影响内部控制发挥作用的事项,与外部进行沟通。这可能包括定期地与供应商、客户、中介机构以及监管部门等进行信息交流,了解新的市场规则、竞争对手的战略变动等,以便企业能及时做出相应的策略调整。此外,企业还需要将重要信息及时传递给董事会、监事会和经理层,确保治理和管理的高层人员能够全面了解企业的运营状况,及时做出决策。

总的来说,企业需要通过有效的信息收集、处理、沟通和反馈,以及有效的内部控制机制,让高质量的关键信息在相关领域得到充分运用,以应对可能影响目标实现的各种风险。

十一

内部控制框架5要素中第五个要素:"监督活动。"

该要素所对应的两项原则如下:

原则 16.组织应选择、开展并实施持续和（或）单独评估，以确认内部控制的各要素存在并持续运行。

原则 17.组织应评价内部控制缺陷，并及时与整改责任方沟通，必要时还应与高级管理层和董事会沟通。

基于以上绩效目标案例，根据监督活动的两个原则，企业可能采取以下活动来实现内部控制过程中的监督活动。

（1）根据原则 16，企业应选择、开展并实施持续和（或）单独评估，以确认内部控制的各要素存在并持续运行。对于完成提高产品销售额 20% 的目标，企业可能需要开展日常监督，对内部控制的情况进行常规、持续的监督检查。例如，定期评估产品质量、市场竞争状况、供应链稳定性等。当市场环境或组织架构有重大变化时，企业应进行单独评估开展专项监督，有针对性地检查内部控制的某一或者某些方面。此外，企业还应定期对内部控制的有效性进行自我评价，出具内部控制自我评价报告。

（2）对于原则 17，企业应评价内部控制缺陷，并及时与整改责任方沟通，必要时还应与高级管理层和董事会沟通。在监督过程中，如果发现内部控制存在缺陷，如出现产品质量问题、销售数据造假、虚假宣传等，企业应分析缺陷的性质和产生的原因，提出整改方案，并采取适当的形式及时向董事会、监事会或者经理层报告。企业还需要跟踪内部控制缺陷的整改情况，并追究重大缺陷所涉及的相关责任单位或者责任人的责任。

总的来说，企业需要通过有效的监督活动，确保内部控制的各要素存在并持续运行，及时发现和整改内部控制的缺陷，从而实现提高产品销售额的绩效目标。

十二

从以上讨论可以看出，企业的内部控制体系，可以通过将运营、报告和合规目标纳入其中的方式为实现运营、报告和合规目标提供合理保证。

自控式合规，是企业将一系列合规目标纳入其内部控制体系来实现合规的。

构建正式的合规管理体系与自控式合规的区别在于，前者跨越了企业管理、风险管理和内部控制的边界，将企业中管理与运营过程和内部控制等相关体系或职能中的合规管理要件提取出来，展开结构化整合并进行了标准化处理，其标准化处理的方式是硬性要求某些要件（如持续改进、文件化信息等）的存在和运行，并将企业的运营、管理和控制过程（如目标的设定、合规义务的识别等）一并纳入了体系之中，如图3-11所示：

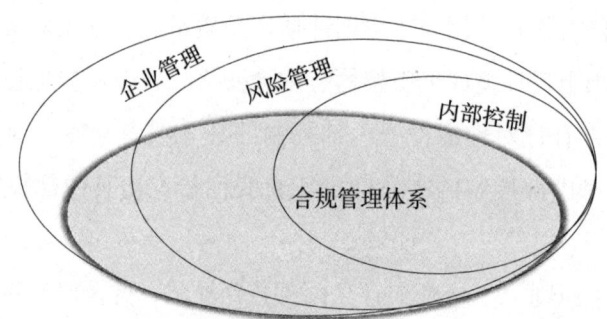

图3-11　合规管理体系跨越了企业管理、风险管理和内部控制的边界

在图 3-11 中，阴影部分是正式的合规管理体系，它跨越了企业管理、风险管理和内部控制的边界，将三者中与合规相关的要素（要件）进行了提取和整合，并进行了标准化和硬性化要求。这种方式不仅为合规目标的实现节省了大量的设计内部控制活动的时间，而且通过识别合规义务的方式对合规的范围进行了界定，同时还能全面覆盖企业的合规管理需求，相当于为企业的合规管理提供了一个切实可行的标准化解决方案。

内部控制属于企业风险管理的一部分（图 3-11），但风险管理中设定可接受的风险水平和相关风险偏好却是战略规划和企业风险管理的一部分，不属于内部控制。设定具体目标的风险容忍度也不是内部控制的活动内容。而在风险的视角下，这些都属于风险管理的部分，同样也属于法律风险管理——自护式合规的范畴。

自护式合规，就是我们下面马上要讨论的话题。

第三节　自护式合规——法律风险管理

有效的法律风险管理是维护企业合规与稳健经营的关键。

——卡洛琳·史密斯

一

"芝华士12年"是国内很多消费者喜爱的一款威士忌，属洋酒启蒙酒之一。它的价格适中，深受夜场消费者的青睐，并多次荣获国际大奖。该酒以其西方特色的优雅瓶身而闻名，被广泛宣传为经典且高品质的混合威士忌，采用优质麦芽和饱满的谷物作为原料进行酿造，经过12年的陈酿，口感独特，带有经典的斯佩塞清新水果、野生石南花和甘甜蜂蜜的风味，能够满足人们对于纯饮、调酒和调饮等不同口味的需求。

然而，2006年，这款酒遭遇了严重的法律和商誉风险事件，对保乐力加中国公司造成了不小的冲击。

2006年1月20日，一篇名为《芝华士12年："勾兑"了多少谎言》的报道在《国际金融报》上发表。文中引用了一位匿名消息人士的信息，对该酒在华销售成本，以及经销商保乐力加中国公司提出了四个方面的质疑，其中主要的质疑来自"勾兑"一说。《国际金融报》文章提到，知情人士透露："芝华士瓶里装的实际上只有一小部分12年酒，其余都是用2年、4年等不同年份的酒勾兑出来的，中国大陆根本没有真正意义上的12年酒。"

该报道引发了广泛的关注,有关芝华士年份造假的消息迅速通过各大媒体扩散到全国,使得该企业面临以下几类风险:

(1)如果报道中的信息属实,该公司可能违反了《消费者权益保护法》《反不正当竞争法》等相关法律。因为该公司通过虚假宣传误导消费者,造成消费者权益受损。如果被监管机构调查,该公司可能面临罚款,甚至要承担刑事责任。

(2)报道可能会对公司的品牌形象产生负面影响,从而导致销售额下降,市场份额缩小。同时,如果该公司确实存在使用不同年份的酒混合来生产"芝华士12年"的行为,则其整改措施可能包括对生产过程进行调整,这也会导致成本增加。

(3)受法律诉讼、罚款或生产成本上升的影响,公司的财务状况可能会受到影响。同时,品牌形象受损可能导致公司收入减少,影响公司的财务状况。另外,如果消费者或股东对公司提起诉讼,可能导致公司需要支付大量的赔偿。

保乐力加公司针对所面临的风险,采取了一系列应对措施,体现出了较为明确和系统的风险应对策略。从ISO31000《风险管理指南》中风险应对框架的角度进行观察时,可以发现以下几个要点:

(1)制定、选择、计划和实施风险应对方案:保乐力加公司在事发当天就首先通过公关公司发布新闻公告,否认《国际金融报》的报道,并要求给予书面道歉和纠正。随后,1月24日,保乐力加公司以苏格兰威士忌协会的名义对外确认"芝华士12年"年份是足额的。最后,1月25日,保乐力加公司联合苏格兰威士忌协会举办新闻发布会,解释芝华士12年威士忌的生产过程。这些措施,都是风险事件发生后改变其影响及后果的风险应对方式。保乐力加实施这些措施的顺序、负责人的安排和资源的需求都很明确,显示了该公司对于风险应对的具体实施和管理计划。

（2）评估风险应对措施的成效及后续措施：保乐力加公司的首次风险应对是在1月20日事发当天，后续行动分别发生于1月24日和25日，与首日应对先后错开了4~5天，有足够评估首日风险应对措施的时间，从而可以根据评估结论采取后续措施。后续措施实施后，再无风险应对的大动作，说明该公司根据后续的品牌声誉、销售额、市场份额和法律风险等方面的变化进行评估后，认为应对措施有效，剩余风险已在可接受的范围内。否则，如果公司认为应对措施不够有效的话，则可能会进一步采取措施来降低风险。

总的来说，保乐力加公司在这个事件中的风险应对策略是相对合理的。在整个过程中，保乐力加公司都注重与利益相关者的沟通和协商，以争取更多的理解和支持；同时，该公司明智地避免了对《国际金融报》信息来源和法律责任的追究。这些措施符合ISO31000《风险管理指南》和ISO31022《法律风险管理指南》中风险应对框架的主要精神。

二

在风险管理的视角下，对风险的应对，属于风险管理过程的范畴。而风险管理过程，是风险管理体系的三要素之一，其他两个要素，是风险管理的原则和框架。

风险管理体系三个要素的关系可以描述为：

原则：在总体上对过程和框架进行约束和指引。

框架：将过程纳入企业重要的活动和职能之中，使过程有用武之地，对企业各类活动产生影响；

过程：概述了如何做事情——进行风险管理；

因此，框架和过程是互动的，原则则单向地对框架和过程发生作用，为有效和高效的风险管理提供指导，阐述了风险管理的目的和价值。

风险管理原则、框架和过程三者间的关系如图3-12所示：

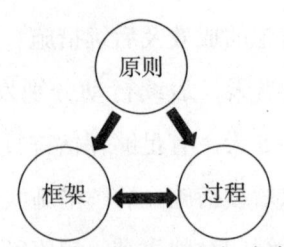

图3-12　风险管理体系的原则、框架和过程

图 3-12 是 ISO31000《风险管理指南》中风险管理体系架构的缩影，它为管理各种类型的风险（包括法律风险）提供了一个通用框架。最新的国际标准 ISO31022《风险管理 法律风险管理指南》与 ISO31000 通用标准一致，并提供了适用于法律风险管理的更具体的指南，所涉及的法律风险，不但包括与合规和合同事项相关的风险，还包括来自第三方的风险或对第三方的风险。因此，要理解企业的法律风险管理体系，就应先了解 ISO31000 风险管理整体框架，即图 3-12 中的风险管理通用框架。

下面我们先从图 3-12 中的"过程"，即风险管理过程入手。

三

风险管理过程要做的事情，通俗地说，就是先找到各种风险（称为"风险识别"），然后看看这些找到的风险有多严重（称为"风险分析"），要不要处理（称为"风险评价"），如何处理（称为"风险应对"）。

在风险管理过程中，要做成以上事情，就需要：

——沟通和咨询。目的是帮助利益相关者理解风险、明确制定决策的依据以及采取特定管理措施的原因。沟通是为了加深对风险的认识和理解，咨询则是为了获取反馈和信息，以支持决策制定。

——界定风险管理的范围、环境和准则。界定范围，就是要知道到哪些活动种类中去找出风险并实施风险管理过程；界定环境，就是要知道可能存在风险的活动依赖于什么环境；界定准则，就是定下风险管理过程的基调和规矩，包括基于目标确定所能承受的风险数量和类型，界定评价风险重要性的准则并支持决策过程。

—监督和检查：目的是确保和提升风险管理过程设计、实施和结果的质量和成效。

—记录和报告：记录和报告风险管理过程及其结果。

因此，风险管理过程由六个子过程（或称"活动"）构成，分别是：

（1）沟通和咨询；

（2）建立环境（界定范围、环境和准则）；

（3）风险评估（风险识别、风险分析和风险评价）；

（4）风险应对；

（5）监督和检查；

（6）记录和报告。

宏观地看，风险管理过程，就是将风险管理的政策、程序和实践，系统地应用于以上六类活动，如图3-13所示。

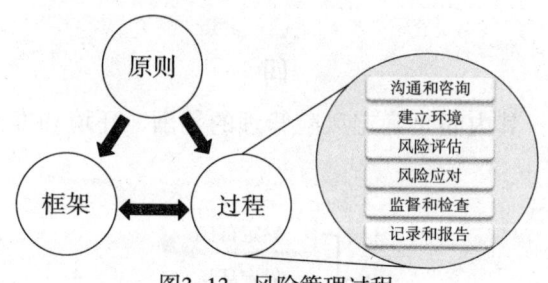

图3-13 风险管理过程

图3-13中，风险管理总框架中的"过程"一项被放大后显示为更细的过程框架。

虽然风险管理过程通常表现为按一定的顺序开展，但在实践中是一个循环提升的过程，如图3-14所示。

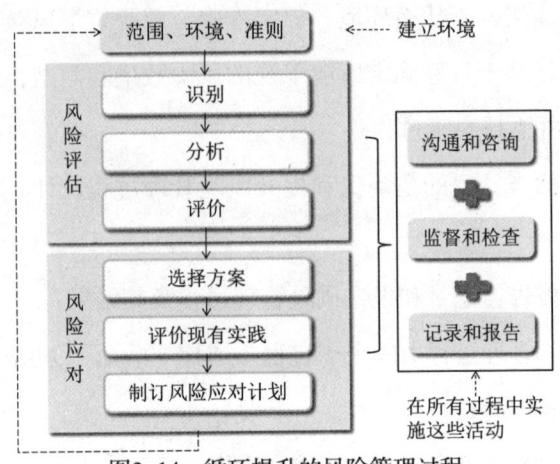

图3-14 循环提升的风险管理过程

图 3-14 中，建立环境、风险评估和风险应对，是风险管理过程中的主导过程，而沟通和咨询、监督和检查，以及记录和报告，这三者是辅助过程，它们贯穿所有风险管理过程。

下面我们先讨论三个主导过程，从而明确风险管理的核心活动是在做什么。

第一个主导过程，就是建立环境。

四

建立环境，其内涵是确定风险管理的范围、环境和准则，如图 3-15 所示：

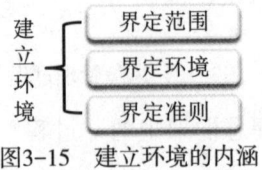

图3-15 建立环境的内涵

图 3-15 中，建立环境，包括界定风险管理过程的范围、理解内外部环境和界定风险准则。

建立环境的目的，在于有针对性地设计风险管理过程，以实现有效的风险评估和恰当的风险应对。通俗地说，就是为风险管理过程定下范围和规矩。

对于法律风险管理来说，理解内外部环境，意味着注重理解内外部法律风险环境。

五

界定范围，指的是明确风险管理过程的应用领域、目标，以及确定实施的具体步骤、工具、资源和责任，确保其与组织目标一致的过程。

假设，中天贸易有限公司（以下简称中天公司）是一家主要从事进口洋酒业务的中国贸易企业，其在风险管理的过程中，首先要明确风险管理过程的范围。在这个过程中，中天公司会注重以下几个方面。

（1）确定目标和决策：首先，中天公司会设定风险管理的主要目标，例如，防止法律风险事件的发生、确保业务操作符合相关法规，以及降低经营风险。然后，公司会决定需要在哪些方面采取行动来达到这些目标。

（2）过程中各个步骤的预期结果：例如，中天公司期望通过细致的合同审查和法律咨询来降低法律风险。通过定期的合规培训和审计，确保业务操作的合规性。通过市场研究和业务策略的优化来降低经营风险。

（3）时间、地点、具体包含和排除的事项：中天公司的风险管理活动将在公司的日常运营中进行。具体包括的事项有对法律风险的管理，如合同审查、法律咨询等；对合规风险的管理，如进行合规培训、合规审计等；对经营风险的管理，如市场研究、业务策略的优化等。而由于公司策略或其他原因，中天公司暂时排除了汇率风险和供应链风险的管理。

（4）适当的风险评估工具和技术：例如，中天公司采用法律风险评估工具，对合同和业务活动进行评估；使用合规审计工具，对公司的合规程度进行评估；利用市场分析工具，对经营风险进行评估。

（5）所需的资源、责任和需要保留的记录：例如，中天公司需要投入人力、物力和财力来实施风险管理活动，而这些活动的责任则分配给法务部和业务部。同时，中天公司会保留相关的风险评估报告、合规培训记录和市场研究报告等。

（6）与其他项目、过程和活动的关系：中天公司的风险管理活动会与其他的项目和过程交互，例如，法务部在进行合同审查时，可能需要与业务部协作。

总的来说，中天公司在界定其风险管理范围的过程中，会考虑风险管理的目标、实施步骤、工具和资源，以及与公司其他活动的关系，并进行法律风险、合规风险和经营风险等的管理，排除汇率风险和供应链风险的管理。

六

界定风险管理的内外部环境，是指理解和明确公司运营所依赖的环境，包括外部的市场状况、法律法规、行业动态等，以及内部的组织结构、业务模式、财务状况等，以便在这个环境下实施有效的风险管理。

仍以中天公司为例，该公司在界定风险管理的内外部环境时，进行了以下操作：

外部环境

中天公司定期关注与其业务相关的当地和国际法律，包括洋酒的进口法规、税务法规等，以及这些法律的变化，这将帮助公司及时调整其风险管理策略。

公司也与相关的外部服务供应商和顾问保持联系，如律师事务所、外部审计师等，这些外部资源可以帮助公司应对各种法律风险。

中天公司还关注外部相关方的态度和期望，如监管机构、地方政府、公众、新闻媒体等，以及他们对法律风险管理的期望，这将有助于公司避免冲突和争议。

公司还监控可能出现的第三方诉讼或索赔，以及产品/服务交付所在国的法律环境，确保业务的合规性。

内部环境

中天公司审视其法律实体的性质、公司的财务健康状况及其业务模式，以便确定适合的风险管理策略。

公司分析其内部法律结构以及治理过程和职能，以确保公司的风险管理与其整体治理结构一致。

中天公司定期评估其法律风险的管理方法，以及法律风险引起的经验和法律纠纷的历史，这将帮助公司在未来避免类似风险。

公司还评估了其拥有的资产，如知识产权和用于过程中的有形和无形资产的其他法律权利，以及注意义务产生的义务，这些因素都可能影响公司的法律风险。

最后，中天公司还考虑了其内部政策以及其他与法律风险及其管理有关的信息和资源，以确保风险管理的全面性。

总的来说，中天公司在界定其风险管理的内外部环境时，会全面考虑和分析影响公司运营和风险管理的各种内部和外部因素。

七

界定风险管理准则是指，基于组织的目标和资源，确定其可以承受的风险数量和类型，以及制定用于评估风险重要性的标准，以支持决策过程。

在风险管理过程的风险准则设定方面，中天公司设定了一套适合其业务特性的风险准则。

根据其企业目标，中天公司确定了其所愿意承受的风险数量为30个，还确定了这些风险的类型，以及以下风险管理框架（注意，以下框架是只对准则中大部分内容进行了极大的简化，只是定性地说一下，只有以下的第2部分，给出了风险等级评估的具体标准）：

（1）可能影响结果和目标的不确定因素：这些包括供应商的可靠性、汇率波动、原料价格波动、关税政策的变动等。

（2）如何界定和度量后果：公司根据其业务特性定义风险等级，分别是1、2、3、4、5等5个等级。负面影响包括货物质量问题、交货延误、合同违约等；正面影响包括增加销售、提高利润等。

该公司用表3-1来评估法律风险事件风险等级。得分越高，相应法律风险的可能性越大，风险等级越高。在实际使用时，准则建议使用加权平均公式，结合表3-1中若干因素的得分来评估法律风险的等级。

表3-1　法律风险等级评估

参数	1	2	3	4	5
通过内部控制设定的风险和治理政策及程序的有效性	内部控制的政策和程序设计得很好。内部控制的政策和程序得到全面实施和定期评审，以确保其根据组织变化的需要，保持健全和适当性	内部控制的政策和程序是全面的。内部控制的政策和程序得到执行	内部控制的政策和程序很可能是全面的。内部控制的政策和程序很可能不会得到执行	内部控制的政策和程序是不全面的。内部控制的政策和程序没有得到充分执行	内部控制的政策和程序缺失。内部控制的政策和程序没有得到执行

续表

参数	1	2	3	4	5
法律风险影响培训的充分性	员工充分知悉其为组织承担的工作所含法律风险的影响，并将这些原则全面融入其日常工作，为组织确立最佳实践标准	员工知悉其为组织承担的工作所含法律风险的影响，并将这些原则融入其日常工作	员工知悉其为组织承担的工作所含法律风险的影响，并很可能将这些原则融入其日常工作	员工知悉其为组织承担的工作所含法律风险的影响，但并未将这些原则融入其日常工作	员工不了解其为组织承担的工作所含法律风险的影响
交易对方风险	交易对方履行其合同义务的能力非常强，其违约可能性非常小	交易对方履行其合同义务的能力较强，其违约可能性较小	交易对方履行其合同义务的能力良好，有可能发生违约	交易对方履行其合同义务的能力较弱，其违约可能性较大	交易对方履行其合同义务的能力非常弱，其违约可能性非常大
法律的执行	存在非常明确的执行规则。可以非常明确预期，相关司法管辖区的法院将执行法律或以这些法律为基础的判决	存在明确的执行规则。可以合理预期，相关司法管辖区的法院将执行法律或以这些法律为基础的判决	存在部分明确的执行规则。可以在一定程度上合理预期，相关司法管辖区的法院将执行法律或以这些法律为基础的判决	不存在明确的执行规则。可以在一定程度上合理预期，相关司法管辖区的法院将执行法律或以这些法律为基础的判决	不存在明确的执行规则。无法合理预期，相关司法管辖区的法院将执行法律或以这些法律为基础的判决
业务活动	相关活动每年发生一次	相关活动每季度发生一次	相关活动每月发生一次	相关活动每周发生一次	相关活动每日发生一次

（3）时间相关因素：公司针对长期和短期风险设定了不同的准则。

（4）度量标准的一致性：公司对不同风险等级的后果和可能性使用一致的标准进行测量。

（5）多项风险的组合及顺序：公司将对风险进行综合评估，而不是单一地看待每一项风险。

针对法律风险和合规风险，中天公司设定了以下准则：

（1）法律风险准则：包括进口相关法律、关税法规、食品安全法规等。公司将评估每一个或一组法律风险的重要性和可接受水平，并反映与法律风险有关的全面风险管理的目标、价值观、资源、偏好和容忍度。

（2）合规风险准则：包括公司内部的合规政策、行业标准等。与法律风险准则一样，公司将评估每一个或一组合规风险的重要性和可接受水平，并反映与合规风险有关的全面风险管理的目标、价值观、资源、偏好和容忍度。

通过以上设定，中天公司期望其风险管理工作能够更为科学和精细，使公司在面对各种风险时能够做出正确和有效的决策。

八

在以上建立环境的阶段，风险管理准则已经为风险评估打下了基础，界定了识别风险的范围和环境，以及进行风险评价的准则和标准，如图3-16所示。

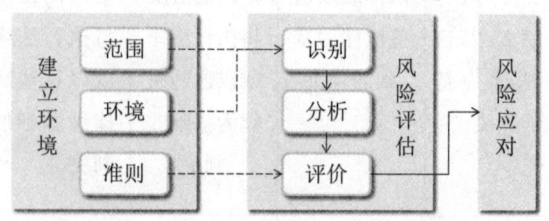

图3-16 建立环境与风险评估的关系

图3-16中，风险评估是风险识别、风险分析和风险评价的整个过

程。其中，风险识别是第一步，也就是从所界定的范围和环境中找出风险，或可以表达为发现、确认和描述可能有助于或妨碍组织实现目标风险的活动。

仍然以中天公司为例，他们在进口洋酒业务过程中进行了一系列的风险识别活动，把识别出来的 28 个法律风险进行了分类。例如，他们把识别出来的法律风险归为 5 类，以下列举部分所识别的法律风险及其所归属的类型。

类型 1：违规行为风险。在对市场行为进行审查时，公司发现一些销售人员在营销活动中过度夸大产品功效，或者对产品原产地有误导性描述。这可能会违反广告法和消费者权益保护法的相关规定，导致罚款或其他法律后果。

类型 2：违约行为风险。公司发现在一次大规模进口洋酒的合同中，由于合同条款表述含混，致使公司无法准确理解和履行一些具体的交货要求，这可能导致公司存在违约风险，需要对合同条款进行重新评估和修订。

类型 3：侵权行为风险。中天公司发现，一些进口的洋酒品牌在中国的商标权已经被其他公司注册，如果继续销售这些品牌的洋酒，可能会侵犯他人的商标权。

类型 4：怠于行使权利风险。中天公司发现在进口洋酒的业务中，存在部分酒瓶包装受损而未按照合同约定向国外供应商索赔的情况，这样做存在怠于行使权利的风险，例如供应商发生了破产，则会导致公司无法再从供应商处获得赔偿。

类型 5：不当选择风险。在面对多个进口渠道选择时，公司可能选择了成本低但风险高的渠道，比如选择了一些信誉欠佳的中间商，可能导致货物质量、数量和交货时间的不确定性。此类风险属于不当选择风险。

九

在风险识别过程中，企业识别出诸多风险。需要对这些风险进行分析，其目的是了解所识别出来的各个风险的性质及其特征，必要时包括风险等级。

风险分析所使用的技术可以是定性的、定量的或者定量和定性相结合的，具体视情况和预期用途而定。

在中天公司的案例中，限于篇幅，我们只举出一个风险的定性和定量分析案例，但仅此案例也可以大概反映风险分析的内涵。

以中天公司识别的"违规行为风险"为例，我们进行以下定性和定量分析。

定性分析，公司发现一些销售人员在营销活动中过度夸大产品功效，并对产品原产地有误导性描述。这些风险事件所带来的风险是，可能会违反广告法和消费者权益保护法的相关规定，导致罚款或其他法律后果。此外，这可能对公司的品牌形象和声誉造成损害，并可能导致消费者信任度下降。

定量分析，同样是以上风险。根据中天公司在风险管理准则中的定量分析法（见之前的"表3-1 法律风险等级评估"），公司可以使用以下5个标准进行分析。

标准1：内部控制的有效性

由于销售人员在营销活动中的行为表明，公司的内部控制政策和程序可能并未得到全面执行，所以此项得分为3。

标准2：法律风险影响培训的充分性

销售人员的行为表明，他们可能并未完全理解和实施对法律风险的训练，此项得分为4。

标准3：交易对方风险

在这个案例中，交易对方风险可能并不显著，因为主要的风险来自公司内部，而非外部交易对方，此项得分为1。

标准4：法律的执行

由于中国的广告法和消费者权益保护法的执行较为严格，预期法院会执行这些法律，此项得分为2。

标准5：业务活动

这种过度宣传的行为在每个销售活动中都会发生，而销售活动每天都在进行，此项得分为5。

根据这些得分，违规行为风险的总得分为（3+4+1+2+5）/5=3。这个得分反映了这个风险的等级，3表示这个风险级别较高，公司需要采取措施来防范和应对这个风险。

+

风险评估的最后一步是风险评价，其内容是将风险分析的结果和既定风险准则相比较，以确定是否需要采取进一步行动。采取或不采取任何进一步行动在此只限于决策层面，具体行动方案和计划要提交到下一步的"风险应对"环节去完成。因此风险评价过程的输入有两个，一是风险分析的结果，二是建立环境过程中界定的风险管理准则。而风险评价的输出，则是风险应对的输入。如图3-17所示：

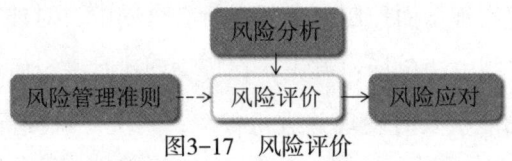

图3-17 风险评价

仍以中天公司风险评估案例为例，我们可以假设每一种风险都已经通过风险分析过程进行了分析，并已经根据风险的可能性和潜在影响程度给出了相应的风险等级得分，且按照既定的风险准则对各种风险进行了排序。公司风险准则中的风险容量是30个，所识别并经排序的风险是28个，其中不需要应对因此决定不采取进一步行动的风险有3个，决定维持现有控制措施的风险有6个，其余风险将展开应对，如考虑风险应对方案、开展进一步分析,以更全面地了解风险等。

在进行风险评价时,中天公司遵循了风险评价的目的,即以决策支持为核心,同时,公司以更全面的视角考虑了决策可能产生的实际和预期影响,确保风险评价的结果得到了适当层级的确认和沟通。具体到各个风险(这里只列出了6个),其评价如下。

不可预测性风险。中国政府正考虑调整酒类进口税政策,公司评价其具有较高的风险等级,因为政策变动可能极大地影响公司的运营成本。因此,公司决定进行更深入的分析以了解这一风险。

违规行为风险。销售人员夸大产品功效,对产品原产地有误导性描述。公司认为该风险等级中等,决定加强培训和监管,确保销售人员理解并遵守相关的广告法和消费者权益保护法。

违约行为风险(合同条款表述含混)。评估为中低等级,公司决定重新评估和修订不清晰的合同条款,防止产生误解和可能的法律纠纷。

侵权行为风险。进口的洋酒品牌商标权已被其他公司注册,公司认为该风险等级较高。因此,公司决定停止销售那些在中国商标权已被他人注册的洋酒品牌,同时寻找其他品牌进行替代。

怠于行使权利风险。公司未向供应商索赔酒瓶破损,被评为中等风险等级,公司决定实施全面控制,确保在所有合同中,对涉及的权利部分进行严格把关。控制方法包括:首先,在货物到达时进行质量检验,保证所有破损和问题均能被及时发现并进行备案;其次,积极行使索赔等权利,以捍卫公司的合法权益;最后,定期进行事后检查,以确保控制方法的执行效果。这样操作旨在防止类似风险再次发生。

不当选择风险。公司选择了成本低但风险高的进口渠道,被评为高等级,因为这可能影响公司的声誉和运营。公司决定重新审查供应链,并避免使用信誉不佳的中间商。

在评价这些法律风险时,中天公司考虑了更广泛的组织环境、组织目标、风险管理方针，以及组织和相关方的价值观、道德和伦理。此外，公司还根据其风险容忍度和风险偏好，以及组织在法律风险管理方面的成熟度，来决定对每一种风险是否采取进一步行动。

十一

风险评估的下一步是风险应对，其目的是选择和实施风险处理方案。

风险应对可分为事前应对和事后应对两个主要阶段。本节开始时芝华士应对风波的操作，属于事后应对。

事前应对（Preventive or Proactive Risk Response）是指在风险事件发生之前，通过采取预防性措施来降低风险的可能性，着重于预防和减轻潜在风险，以尽量避免风险事件的发生或最小化其影响。事后应对（Reactive Risk Response）是指在风险事件已经发生或正在发生时，采取措施来减小损失并迅速恢复正常运营，着重于处理风险事件造成的后果，确保最低程度地影响组织的运作和利益。在事后应对阶段，组织会启动应急计划、危机管理措施、业务连续性计划等，以尽量减少业务中断时间和损失，并着手进行修复和恢复工作。

风险应对是一个循环提升的过程，包括：

- 制订和选择风险应对方案；
- 计划和实施风险应对措施；
- 评估风险应对措施的成效；
- 确定剩余风险是否可接受；
- 若不可接受，采取进一步应对措施。

以上 5 个过程中，前两个过程的内容较多。我们先讨论"制订和选择风险应对方案"这一过程。

十二

选择最合适的风险应对方案时，需要在实现目标所带来的潜在收益与付出成本、耗费精力或可能引发的不利后果之间进行权衡。

需要注意的是，风险应对方案并非必然相互排斥，也不一定适用于所有情况。

风险应对方案涉及以下一个或多个方面：

（1）决定不开始或退出会导致风险的活动，来规避风险；

（2）承担或增加风险，以寻求机会；

（3）消除风险源；

（4）改变可能性；

（5）改变后果；

（6）分担风险（如通过签订合作协议，购买保险）；

（7）慎重考虑后决定保留风险。

以芝华士12年风波为例。可以从其公司处理风险事件的过程中看出，其风险应对方案中可能包含了以上（2）、（3）、（4）、（5）和（6）等5个方面，其事后的实际应对过程，则反映了方案中的第（5）方面：改变后果。

如果所针对的是法律风险，则企业在选择应对该法律风险方案时，应评价组织应对法律风险的当前实践，以理解方案的适宜性，并为下一步制订法律风险应对计划提供支持。

在评价当前应对法律风险的实践时，考虑以下因素非常重要：

◆ 有关资源的分配（包括人员、资产和资金，尤其是内部和外部法律顾问和专家）；

◆ 内部和外部法律顾问和专家的观点和意见。

仍以中天公司面临法律风险为例来说明。一段时间以前，公司引进了一个新的进口酒类品牌，但未能意识到这个品牌的商标在中国已经被另一家公司注册。当中天公司开始销售这个品牌的产品时才发现这种情况，识别出商标持有人可能以侵权为由向法院提起诉讼的风险。

中天公司在选择应对这个法律风险的方案时，首先进行了自我评价，了解公司在应对法律风险方面的当前实践，并据此考虑方案的适宜性。公司认识到，它的内部法律顾问团队在处理商标问题上可能缺乏经验，因此需要寻求外部专家的帮助。

中天公司评估了处理此类风险所需要的资源，包括人员、资产和资金，决定委托一家专门从事商标法律服务的律师事务所，为公司提供法律咨询和代理服务。虽然这需要投入一定的资金，但考虑到如果输掉诉讼可能会产生的巨额赔偿费用，这样的投入是合理的。

同时，公司还征求了内部法律顾问和外部专家的意见，希望能找到一个更有利的解决方案。法律专家建议，公司可以通过与商标持有人协商，争取获得商标使用权，或者寻找一个替代的酒类品牌进行销售，避免下一步的法律风险。

在这个过程中，中天公司考虑了各种应对法律风险的方案，通过权衡各种可能的后果和成本，最终选择了一种既能减少潜在损失又能继续保持业务发展的策略。这个策略涉及了消除违约行为风险源、改变侵权行为的可能性，以及分担不当选择风险。通过这种方式，公司成功地应对了这一法律风险。

十三

针对风险设计和选择了方案之后，下一步就是编制和实施风险应对计划。这样做的目的，是明确如何实施所选定的应对方案，以便相关人员了解应对计划，并监测计划实施进度。

仍以中天公司为例，该公司在面对其识别出的一种不可预测性风险，即中国政府可能调整酒类进口税政策，从而显著提高进口洋酒的税费的风险时，制订了一套明确的风险应对计划。

（1）风险应对方案的选择：中天公司决定采取提前储备和寻求替代洋酒源的策略，以降低政策变动可能带来的影响。这个方案主要，是决定不开始或退出会导致风险的活动，通过消除风险源来规避风险。此方案的预期收益是，即使税费提高，也不会立刻影响到公司的运营。

（2）责任人：公司设定了一个专门的应对团队，由公司副总经理张华负责，他将对应对计划的实施结果负责。

（3）措施行动：首先，公司将提前采购一部分库存，以应对短期的需求。其次，寻求其他国家或地区的酒类品牌，以寻找税费更低的替代产品。最后，公司还制定了一套应急预案，以应对税费变动可能带来的快速影响。

（4）所需资源：公司预计需要投入一定的资金来购买提前的库存，同时，还需要投入人力、物力来寻找新的酒类供应商。

（5）绩效考核标准：公司设定了两个关键绩效指标，一个是提前采购的酒类能够满足公司在税费变动后3个月内的需求，另一个是能够在6个月内找到新的酒类供应商。

（6）限制因素：公司可能面临的限制因素包括资金的投入和找到合适的酒类供应商的难度。

（7）报告和监测：中天公司将定期对应对计划的实施进行监测，每月对进度进行报告，以确保应对计划的顺利实施。

（8）时间表：公司预计在接下来的3个月内完成提前采购，在接下来的六个月内找到新的酒类供应商。

中天公司将这个风险应对计划纳入了其管理计划，同时也征询了利益相关者，如股东和员工的意见，以确保应对计划的顺利实施。

十四

至此，我们已经讨论了风险管理过程中的主导过程：建立环境、风险评估和风险应对，这三种活动构成了风险管理的主要过程。

然而，若要让这三种主导过程完善进行，还需要三种辅助过程，分别是沟通和咨询、监督和检查，以及记录和报告。这三种辅助过程其实是许多管理过程体系中的通用过程。我们在此进行简要讨论。

沟通和咨询，其目的是帮助利益相关者理解风险、明确制定决策的依据，以及采取特定管理措施的原因。

仍以中天公司为例，其在风险管理过程中进行沟通和咨询的一些活动如下：

（1）与内部团队沟通咨询。在风险管理的全过程中，中天公司注重与其法律、运营、采购、销售等内部团队进行深入的沟通和咨询，以确定可能的法律风险和合规风险。例如，法律部门需要阐明国内外相关的法律法规，包括贸易法规、商品检验法、食品安全法等，从而帮助各个部门了解他们在日常工作中应遵守的规则。同时，销售和采购部门需要提供市场的反馈信息，帮助公司更好地了解并预测市场的变化趋势，以应对经营风险。

（2）向外部专家咨询：为了更全面地评估和管理风险，中天公司还会咨询外部的法律顾问和行业专家，获取最新的法规动态和行业信息。这些专家和顾问的观点和建议能够帮助公司及时更新和优化风险管理策略。

（3）与利益相关者沟通：中天公司还会定期向其股东、合作伙伴、客户等利益相关者报告其风险管理的情况，并咨询他们的意见。通过开展这样的沟通，公司能够获得利益相关者的理解和支持，同时也能收集到他们对公司风险管理的意见和建议。

（4）与监管机构沟通咨询：在国际贸易中，关税、进口许可证、商品检验等环节都有严格的监管规定。因此，中天公司需要定期与相关监管机构沟通咨询，了解最新的政策变化和执行细则，以确保公司的操作符合监管要求，避免出现法律和合规风险。

十五

监督和检查,目的是确保和提升风险管理过程的设计、实施、结果的质量和成效。

在中天公司,监督和检查风险管理过程是公司风险管理策略的一个重要组成部分。以下是中天公司实施这个过程的简单示例。

(一)计划:公司制订了一个详细的风险管理监督和检查计划,该计划包括了各个阶段的具体任务、责任人、时间表和期望的结果。

(二)收集和分析信息:公司设立了一个专门的团队负责收集与风险管理相关的各类信息,包括市场情况、政策变动、内部运营数据等。这些信息被整理后,通过数据分析,识别出可能存在的风险点。

(三)记录结果和提供反馈:每个阶段完成后,团队都会记录下其实施的结果,并将这些结果与预期的结果进行对比,提供对当前风险管理策略的反馈。这些反馈将作为调整风险管理策略的依据。

(四)纳入组织绩效管理、考核和报告:中天公司将监督和检查的结果纳入公司的绩效考核和管理中。风险管理团队的工作效率和效果将被考核,并影响到团队成员的奖金和晋升。此外,监督和检查的结果也会定期向公司高层和股东报告,以便于他们了解公司风险管理的情况。

中天公司高层认识到风险管理的重要性,并将其纳入了公司的日常运营中。他们定期审查风险管理的效果,为改进风险管理提供决策支持。同时,公司内部各部门也明确了他们在风险管理中的职责,确保风险管理工作的顺利进行。

十六

企业在风险管理过程中,应该通过适当的工作机制,记录和报告风险管理过程及其结果。

例如,中天公司在风险管理过程中,非常重视记录和报告的环节。以下是他们在记录和报告上所采取的一些策略和方法。

（1）中天公司设立了一个统一的风险管理信息系统，所有与风险管理相关的信息和数据都在此系统中记录存储。在记录信息时，公司会考虑信息的用途、敏感性以及内外部环境的因素，对不同类型的信息设置不同的访问权限，确保信息的安全。

（2）公司定期编制风险管理报告，向组织的各个层级通报风险管理的活动及其结果。这些报告包括但不限于当前面临的主要风险、已采取的应对措施、未来的风险预警等内容。

（3）在编制报告时，公司会考虑到各利益相关者的信息需求和特别要求。例如，对于公司高层，报告会重点展现风险管理的大局，对于前线的风险管理人员，则会详细地描述每一项风险的管理进展。

（4）中天公司会根据风险的性质和严重性，调整报告的频率和及时性。对于高风险的项目，他们选择每周甚至每日报告；对于一些低风险项目，则采取季度报告。同时，公司通过使用自动化的数据分析工具，有效地降低了报告成本。

（5）中天公司采用多种方式来发布风险管理报告，包括电子邮件、公司内部网站、定期的会议等。这些方式旨在确保信息能够迅速、准确地传达给相关人员。

（6）报告会明确和公司的长期目标、战略决策相关联的内容，以便为高级管理层和监督机构履行职责提供支持。

通过上述记录和报告策略，中天公司有效地提升了风险管理的效率和效果，为企业的长期发展提供了坚实的保障。

十七

以上我们花了大量的篇幅讨论风险管理的核心活动——风险管理过程。

本节开始时我们已经述及，企业整个风险管理体系由原则、框架和过程构成。下面我们来讨论风险管理框架。

一个组织的风险管理体系中如果没有风险管理框架，风险管理过程仍然可以实施，但可能不会得到最佳的效果。这就像建房子，虽然可以没有蓝图就开始搭建，但在没有清晰的规划和指导下，人们可能会遇到更多的问题，工作效率会降低，而最终的结果可能不如预期。风险管理框架为组织提供了一种方式来确保风险管理过程的结构性和连贯性，使得风险管理能够更好地融入组织的治理和决策中，提高风险管理的效率和效果。

也就是说，风险管理框架像一张蓝图，指导组织如何将风险管理整合到日常活动和决策过程中，而风险管理过程则是这张蓝图上的具体操作步骤，告诉我们如何实际执行和改善风险管理。

风险管理框架所包含的要素及其相互作用如图3-18所示。

图3-18　风险管理框架

中天公司在构建风险管理框架的过程中，实施了以下操作。

（1）领导作用与承诺：中天公司的最高管理层和监督机构首先明确了风险管理在所有组织活动中的角色，并制定了具体的风险管理声明和方针，为风险管理配置了必要的资源。比如，他们制定了一项政策，规定在每个重大决策中都要进行风险评估，同时设定预算用于风险管理活动。

（2）整合：中天公司了解了其自身的组织结构和内外部环境，将风险管理融入组织的每一部分，确保所有人都清楚他们在管理风险方面的责任。例如，他们设置了风险管理相关的培训项目，使每个部门都能了解并执行风险管理的相关活动。

（3）设计：中天公司首先审视并了解了其内外部环境，确定了可能影响其目标实现的关键驱动因素和趋势。在这个过程中，他们进行了一系列的环境分析，包括PESTEL分析（政治、经济、社会、技术、环境、法律）、SWOT分析（优势、劣势、机会、威胁）等。其次，他们明确了风险管理的承诺，例如，制定风险管理政策，强调将风险管理融入组织文化，并明确相关的角色、职责和权限。最后，中天公司为风险管理分配适当的资源，并建立了经批准的沟通和咨询方法。

（4）实施：中天公司制订了详细的实施计划，包括时间、资源等要素，并通过对当前的决策程序进行调整，确保风险管理的工作安排得到清晰理解和执行。比如，他们设计了一个详细的工作流程，明确了每个部门在不同阶段的任务和责任，同时也设立了监督和反馈机制。

（5）评价：中天公司定期分析风险管理框架的实施效果，确定是否仍适用于支持组织目标的实现。他们设置了一系列的绩效指标，如风险事件发生频率、风险管理活动的完成度、风险损失的金额等，通过这些指标来量化评价风险管理框架的效果。

（6）改进：根据评价结果，中天公司进行了必要的调整和持续改进。他们根据内外部环境的变化，定期对风险管理框架进行更新。同时，他们在识别到改进空间后，会制订改进计划，将任务分配给相关负责人执行。这样，中天公司不断地提升风险管理的适用性、充分性和有效性，保证风险管理框架能够更好地融入组织的运作中。

十八

风险管理框架，指导组织将风险管理过程有机地整合到日常的决策和管理过程中。而风险管理原则，则在宏观上对过程和框架进行约束和指引。框架和过程中的相关基本精神其实都来自风险管理原则，如"整合""持续改进""结构化和动态性"等，这可以从图 3-19 风险管理原则的内容中看出来。

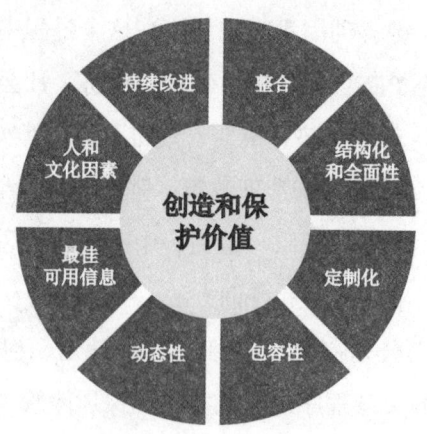

图3-19　风险管理原则

图 3-19 表明，风险管理的目的是创造和保护价值。

图 3-19 中列出的原则，为有效和高效的风险管理提供指导，阐述了风险管理的意图、目的和价值。

这些原则是风险管理的基础，可在确立组织风险管理框架和过程时认真考虑。

以下是中天公司确定的风险管理原则，这些原则均基于对风险管理的全面理解，目标在于助推公司实现其设定的目标，同时也促进创新，创造并保护公司的价值。

（1）整合原则：风险管理是中天公司所有管理活动的重要组成部分。我们将风险管理的理念，以及相关框架和流程整合至其他的管理工作和制度中，以此推动风险管理的落实。

（2）结构化和全面性原则：中天公司会采用结构化和全面性的方式来进行风险管理，以保证风险管理结果的一致性和可比性。

（3）定制化原则：依据公司在各个目标下的内外部环境进行风险管理框架和流程的定制化设计。

（4）包容性原则：中天公司积极鼓励所有的利益相关方在适当和及时的状况下参与风险管理过程，充分考虑并吸纳他们的知识、观点和认知，这有助于提高整个组织的风险意识并促进风险管理信息的充分沟通。

（5）动态性原则：随着中天公司内外部环境的变化，我们可能会面临新的风险，有些风险也可能会变化或消失，我们会以适当和及时的方式预测、发现、确认和应对这些变化和事件。

（6）最佳可用信息原则：我们会利用最佳可用的信息（包括历史信息、现有信息以及未来预测）来输入风险管理，同时也会明确考虑与这些信息和预期相关的限制条件和不确定性。我们将保证信息的及时性、清晰性，并且所有相关利益方都能获得这些信息。

（7）人和文化因素原则：中天公司认识到，人的行为和文化在各个层级和阶段都会对风险管理产生重大影响，因此我们将其作为重要考虑因素。

（8）持续改进原则：我们相信只有通过持续的学习和实践，风险管理才能持续改进。我们将持续对我们的风险管理框架和流程进行评估和改进。

此外，中天公司还坚持以公平的原则来指导法律风险和利益冲突管理的决策。我们倡导在决策过程中提供公正、独立的意见，支持尽职调查和公平处理，以此确保我们的行动对所有利益相关者均公平，从而最大化组织的利益。公平原则的实施需要我们的决策者坚守道德和法律规定，以实现公平决策和公正待人的目标。

十九

在本节中，我们借助企业风险管理的通用框架，深入探讨了企业法律风险管理体系及其在合规风险管理上的效用。

法律风险管理体系自护式的合规功能，是通过将合规风险纳入其风险管理过程中实现的。

然而，许多合规风险从法律风险管理的角度去看可能相当模糊，但从合规管理的角度看却很清晰。这是因为合规管理通过识别合规义务的方式，从更宏观、更全面的视角来看待企业的风险，它关注的是企业整体的全方位合规风险状况，而不仅仅是法律法规类别的风险。同一风险，从法律风险管理和合规管理两个不同的视角去分析，可能会得到完全不同的评级得分。许多合规风险并不一定直接涉及法律问题，它们可能涉及更广的范围，比如运营、财务、声誉等风险，这些风险可能间接涉及法律问题。

因此，把合规管理从各种体系中独立出来并整合资源，能够实现更全面的合规风险覆盖，更具体地管理合规风险，增强风险意识，改善风险监控和报告，以及保护公司的声誉。

本章小结

本章详细介绍了三种较为典型的"其他合规方式",包括作为法律顾问服务的"自救式合规"、作为内部控制的"自控式合规",以及作为法律风险管理的"自护式合规"。这些方式都涉及了企业合规的功能和机制。其中,内部控制作为一种基础措施,为包括其本身在内的所有合规方式提供了最基础的工具,是企业活动必不可少的组成部分。即便是没有建立正式内部控制体系的企业,其管理和运营过程中也会融入许多内部控制的方法与措施。

单从主动性和合规的角度考虑,"自救式"和"自控式"的合规方式相对较为被动,而"自护式合规",即法律风险管理,更显主动且具有法律的全面性。相较于这三种方式,构建正式的合规管理体系更为独特,它跨越了多个管理体系和职能的边界,整合了企业的内部控制、法律顾问服务、法律风险管理、风险管理及企业管理等的资源和能力,以实现更有效、更全面和更有针对性的合规管理。如图3-20所示。

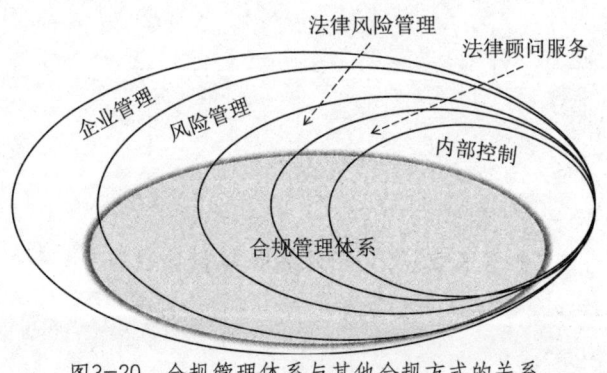

图3-20 合规管理体系与其他合规方式的关系

因此，将合规管理从各种体系中独立出来并整合资源，可以使合规管理更全面、更协调、更敏捷、更持久，并提高企业的公信力和竞争力。

无论是构建正式的合规管理体系，还是本章讨论的其他合规方式，有效合规的关键之一，就是将合规措施渗透到企业的日常运营管理之中，从而提升企业的整体效率，预防合规风险、促进合规文化、提高合规透明度。这些内容正是我们下一章要讨论的。

第四章
合规之道：把合规融入经营管理过程

　　企业管理的关键在于，如何有效地整合内外部资源，实现可持续增长。

——雷·库兹韦尔

企业合规的目标是确保经营的合规性。对于已经建立了正式合规管理体系的企业，要达成满意的合规绩效，首先，必须将合规管理体系融入企业既有的管理体系，以实现合规与业务的有机结合和协同发展；其次，还须避免合规与业务"两张皮"的现象发生，因为这样的分离会削弱合规的效力，甚至导致法律风险和声誉损失。对于我国大型央企来说，合规更是艰巨而复杂的紧迫任务，因其治理独特、规模庞大、业务复杂，且往往涉及跨国经营和多元化业务领域，所以合规管理的复杂性和专项性要求更大于其他企业。

本章共分三节，分别讨论以上问题。

第一节，讨论合规管理体系与企业既有管理体系的一体化融合，以使企业在确保合规的同时，提高管理体系间的协同效应，灵活地响应市场变化，促进组织在合规基础上的整体效益和可持续增长。

第二节，讨论避免和解决合规与业务"两张皮"的问题，给出实用的操作步骤，以便于读者在自身组织中识别和解决这一问题，构建和谐的合规与业务关系。

第三节，讨论中央企业的合规管理。我们将深入地分析中央企业特有的合规挑战和机遇，提供有针对性的策略和解决方案，以助力中央企业在复杂的商业环境中实现合规和可持续发展。

第一节　管理体系一体化融合

协同合作是成功的关键。

——约翰·戴维森·洛克菲勒

一

对于全球范围内的企业而言，建立和实施正式的合规管理体系，不可避免地会遇到与既有管理体系融合的挑战。这一复杂的融合过程涉及了许多方面，包括但不限于与法律、内控、风险管理等合规管理基础工具的融合，还需要考虑到与其他管理体系间的一体化融合，如质量管理体系、环境管理体系、职业健康安全管理体系、能源管理体系、信息安全管理体系、资产管理体系和反贿赂管理体系等。这一全方位的整合不仅要求精确无误地执行，还需要一个全面的视角来确保所有元素都能融为一体，共同促进组织在合规基础上的整体效益和可持续增长。

从更广的视角看这个问题时会发现，管理体系的一体化融合已逐渐成为全球范围内企业管理的核心。这一趋势起源于20世纪90年代，并在21世纪初得到了显著的发展和强化。

20世纪90年代，随着质量管理体系（例如ISO9000）和环境管理体系（例如ISO14000）等标准化管理体系的广泛采用，企业逐渐认识到将多元管理体系进行一体化融合的重要性和潜在益处。进入21世纪，随着信息技术的飞速演进和全球化进程的不断深化，企业所面临的管理挑战也变得越发复杂多变。因此，对于将各类管理体系相互融合、实现协同起来高效工作的需求日益增长，成为现代企业追求卓越运营的关键需求。

自21世纪初，国际标准化组织（ISO）便开始着手系统性地研究管理体系的一体化融合，并对此进行了大力推动。原因在于ISO所推出的管理体系标准被全球众多组织广泛采用，许多公司都同时实施多个ISO管理体系标准。因此，ISO亟须将所有管理体系的标准进行规范化，而各企业则更强烈地感受到将符合ISO标准的众多管理体系进行一体化融合的必要性。

为此，ISO于2012年发布了ISO指南83（ISOGuide 83），并在ISO/IEC Directives Part 1的附录SL中明确了适用于所有ISO管理体系标准的通用框架，称为"高层结构"（High Level Structure，HLS）。该结构的核心理念是：自2012年起，所有由ISO制定或修订的管理体系标准都应采用该通用框架、通用核心文本以及相关的通用术语和定义。这样做使得各ISO管理体系标准之间的相似和不同之处更为清晰，从而为管理体系的一体化融合提供了方便和指导。

其实早在2012年之前，ISO就已着手促进一体化融合的具体实施。2008年，ISO出版了管理体系标准的集成使用手册，并在2018年再版了大幅修订的新版，以协助不同行业、领域和规模的组织将多个管理体系的要求整合到其标准（MSS）中。2018年的更新版不仅提供了实用指导，还增加了在真实世界组织环境中的案例研究。

总体而言，自2012年以来，ISO的高层结构在全球范围内极大地推动了管理体系的一体化融合。大多数实施多个ISO管理体系标准的公司现在都借助ISO的高层结构来整合其管理体系，以此应对日益复杂的全球化挑战。

在中国，随着国民经济的高速发展，从国家层面到各大中小企业，越来越重视管理体系的一体化融合。2022年10月，中国标准化研究院、中国石油、工商银行、中国质量认证中心等起草单位，参照国际标准和我国实践，将合规管理体系与企业既有管理体系的融合指引，正式纳入《合规管理体系 要求及使用指南》（ISO37301：2021/GB/T35770–2022）附录NA

的补充使用指南中，就推进合规管理体系与企业既有管理体系的一体化融合，提出了适用于各类组织的一般性原则和实施路径，以发挥合规管理工具的先进性，最大程度地避免企业中体系交叉重叠带来的弊端和风险隐患。该补充指南中的原则和实施路径非常清晰，是对国际国内一体化融合方面的最新标准、理论和最佳实践的高度浓缩，把管理体系的一体化融合路径简化成了以下四个步骤：

（1）构建一体化管理体系要求；

（2）实施制度对标；

（3）形成一体化管理体系文件；

（4）运行一体化管理体系。

下面我们分别讨论以上的四个步骤。

二

管理体系一体化融合的第一步，是构建一体化管理体系要求。这意味着组织需要结合自身管理实践，针对融合需求，收集、整理、汇总各项标准与规则，制定一体化管理体系的原则目标，以便实施、评价一体化融合工作时有据可依。

以大华公司为例，该公司计划将合规管理体系（ISO37301）与已有的质量管理体系（ISO9001）、环境管理体系（ISO14001）、信息安全管理体系（ISO27001）等进行一体化融合。值得注意的是，除合规管理体系外，公司的其他管理体系已在先前完成了一体化融合，而此次的融合计划专为将合规管理体系整合到现有结构中而设。为了达到这一目的，大华公司将遵循以下步骤进行。

（1）建立一体化管理体系的原则和目标：大华公司根据自身的管理实践和各管理体系的融合需求，制定一体化管理体系的原则和目标。这涉及如何在合规、质量、环境和信息安全之间取得平衡，以及如何将这些元素有效地整合在一起。

（2）收集和整理现有标准和规则：大华公司需要收集和整理所有四个管理体系的现有标准和规则，主要包括这四个管理体系的ISO标准本身，以及公司在实施这些标准过程中制定的任何额外规则和指南。

为此，ISO的高层结构（HLS）提供了行动框架。自2012年起，ISO决定，所有的管理体系标准，都应使用包含以下内容的通用框架：

—统一的高层结构（HLS）

—通用文本和术语

对于HLS来说，最著名的，就是它的"10条款"结构，如图4-1所示。

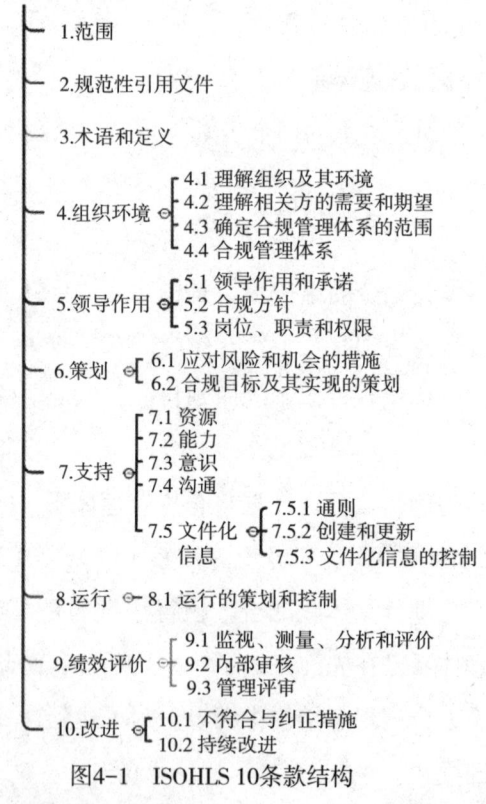

图4-1　ISO HLS 10条款结构

从图4-1中，读者马上会发现，ISO37301合规管理体系标准正是采用了这一框架，标准中的目录结构完全照搬了以上10条款结构，只是在涉及合规专业领域的地方进行了增加和修改。例如第4.3节、第4.4节和第

6.2节，分别变成了"确定合规管理体系的范围""合规管理体系"和"合规目标及其实现的策划"，并增加了"4.5合规义务"和"4.6合规风险评估"两个子条款，第5.2节中"方针"变成了"合规方针"，条款8增加了三个子条款，分别是"8.2确立控制和程序""8.3提出疑虑""8.4调查过程"。

需要注意的是，10条款中的第1、第2、第3条款，都是面向特定领域的，例如在ISO37301标准中是面向合规的。而大华公司在这一过程中要做的第一项工作——建立一体化管理体系的原则和目标，其实是在条款4和条款5——组织环境和领导作用——之中的。大华公司不但要在ISO37301合规管理体系标准中找到合规管理的原则和目标，还要在其他三个管理体系——质量管理体系（ISO9001）、环境管理体系（ISO14001）、信息安全管理体系（ISO27001）——的相应条款中找到各自的原则和目标，以便将其融合为一体化管理体系的原则和目标。

这里我们可以看到，由于其他3个管理体系也是遵循ISO和HLS框架的，因此这一框架对企业进行管理体系的一体化融合非常方便，就像世界上任何标准化的体系都比非标准化的体系更容易融合一样。

截至目前，在ISO发布的所有标准中，符合HLS框架的标准有120多个[1]，这些标准被世界各地各行各业的企业和组织广泛采用，HLS框架为所有这些管理体系的一体化融合提供了极大的便利。

比如大华公司要收集和整理现有标准和规则，其实就是收集和整理需要进行一体化融合的所有四个管理体系的现有标准和规则，其中要收集的标准就是这四个管理体系的ISO标准本身，规则则是在实施这些标准过程中制定的任何额外规则和指南。

需要注意的是，HLS不但在条款框架上对管理体系标准进行了标准

1　参见ISO官网中Management System Standards list，网址为：https://www.iso.org/management-system-standards-list.html

化，还在通用文本和术语上进行了标准化。

通用的文本和术语是指那些在不同的管理体系标准（Management System Standards，MSS）中共同存在的、相似或相同的部分。

通用文本，指的是一组在所有 ISO 管理体系标准中统一的条款和定义。

例如，在许多 ISO 管理体系标准中都会有一个关于组织的背景和利益相关方需要的条款（第 4 条）。在 ISO37301（合规管理体系）、ISO9001（质量管理体系）、ISO14001（环境管理体系）等标准中，文本描述都强调组织需要确定内外部问题、利益相关方及其需要等，以确保体系的适用性。除了在特定领域用词有些许不同外（如合规、质量、环境等用词），其他的文本描述都是一样的。例如在 ISO37301 中 "4.1 理解组织及其环境"这一条款下，如果不考虑该条款中两处"合规"一词，则很多管理体系标准中的这部分文本几乎是通用的。

这种通用文本使得组织可以更轻松地集成不同的管理体系标准，因为它们共享相同的结构和内容。当一个组织同时采用 ISO37301、ISO9001 和 ISO14001 时，它可以将这些共同条款集成在一起，提高效率。

在通用术语方面，HLS 还确定了一组 21 个共同的术语及对这些术语的定义，这 21 个通用术语分别是：

组织、相关方、要求、管理体系、最高管理者、有效性、方针、目标、风险、能力、文件化信息、过程、绩效、外包、监视、测量、审核、合格、不合格、纠正措施

这些术语和对其定义是固定的，它们适用于所有管理体系标准。通用术语的使用有助于减少混淆和歧义，确保在不同的管理体系标准中使用的语言和理解保持一致，并具有互操作性。不同的管理体系标准，只要加入特定领域的专用术语（例如 ISO37301 中添加的"合规""治理机构""合规团队""合规义务""合规风险""不合规""合规文化""行为""第三方"等），即可构成该专业领域管理体系的术语集。

三

管理体系一体化融合的第二步，是实施制度对标，也就是对内部职能、过程及制度进行对标梳理，以确保融合的管理体系能够全面、准确地落实到组织的治理体系与日常经营管理中。

ISO 的高层结构（HLS）为管理体系的一体化融合提供了一个通用的框架，使不同的管理体系标准能够更容易地相互匹配和整合。

对于大华公司来说，一体化管理体系要求的依据是，HLS 提供了共同的标题、文本、术语和定义，以及一致的核心要求，这有助于确保不同的管理体系之间的一致性和互操作性。大华公司可以借助这些共同的元素来统一理解和解释各个管理体系标准的要求，从而便于一体化融合。

在制度对标，也就是在对内部职能、过程及制度进行对标梳理方面，通过使用 HLS 中的通用框架，企业可以更容易地识别哪些元素可以共享，哪些需要经过特定的调整或定制。

以 ISO37301 和 ISO9001 之间的制度对标和梳理为例，大华公司可以借助 HLS 的框架对两个管理体系进行对标梳理，如表 4-1 所示。

表4-1 制度对标梳理

HLS条款	合规管理体系：ISO37301	质量管理体系：ISO9001	合并/融合/独立
1	范围	范围	HRD
2	规范性引用文件	规范性引用文件	D
3	术语和定义	术语和定义	HD
4	组织环境	组织环境	HRD
4.1	理解组织及其环境	理解组织及其环境	HRD
4.2	理解相关方的需要和期望	理解相关方的需要和期望	HRD
4.3	确定合规管理体系的范围	确定质量管理体系的范围	D
4.4	合规管理体系	质量管理体系及其过程	D
5	领导作用	领导作用	HRD
5.1	领导作用和承诺	领导作用和承诺	HRD
5.1.1	治理机构和最高管理者	概述	HRD

续表

5.1.2	合规文化	以客户为中心	D
5.1.3	合规治理		D
5.2	合规方针	方针	D
5.2.1		建立质量方针	D
5.2.2		沟通质量方针	D
5.3	岗位、职责和权限	岗位、职责和权限	HRD
6	策划	策划	HRD
6.1	应对风险和机会的措施	风险与机会的应对措施	HR
6.2	合规目标及其实现的策划	质量目标及其实现的策划	D
6.3	针对变更的策划	针对变更的策划	HR
……	……	……	……

表4-1只是一个示例，省略了7~10四个大条款及其子条款。但从表4-1中已经可以明确看出，针对各条款及其子条款中的内容，大华公司都能够找出哪些相同的内容可以合并（H），哪些类似的内容可以融合（R），哪些差异化的内容应该保持独立（D）。

在现实的一体化融合策划中，表4-1是一张更大的表，其中包含了对四个管理体系的对标和梳理。表4-1只是简化性的表格，但HLS结构的全面覆盖有助于确保融合后的管理体系能够与组织的整体战略和日常运营相协调。通过遵循通用的框架和核心要求，大华公司可以确保新引入的合规管理体系与既有的体系相互补充，而不是相互冲突。ISO的HLS框架为大华公司提供了一种系统化的方法来实现不同管理体系的一体化融合。

四

管理体系一体化融合的第三步，是形成一体化管理体系文件，也可视作该体系的蓝图或设计文件。该文件结构通常可以分为三个层次：

（一）第一层：纲领性文件（如管理手册）。这一层次的文件通常与ISO的高层结构（HLS）中的第4、第5条款相对应。纲领性文件描述了组织的背景、目标、职责和管理体系的核心原则，为整个管理体系提供了方向和框架。

（二）第二层：规章制度（如各层级管理制度、办法）。这一层次通常与 HLS 的第 5 条款中的相关内容对应，它涵盖了组织的领导职责、政策和目标。规章制度提供了如何实施和维护管理体系的具体指导，确保了管理体系与组织的战略方向一致。

（三）第三层：操作规范（如作业指导书）。这一层次通常与 HLS 框架中的第 6 条款至第 10 条款相对应，涉及策划、支持、运行、绩效评价和持续改进等方面。操作规范为组织的日常运营提供了详细的步骤和指导，确保管理体系的有效执行。

以大华公司为例，其将根据以下原则构建一体化管理体系文件：

—合并不同标准中相同的要求（主要涉及表 4-1 中与 H 相关的部分），从而消除重复并提高效率。

—融合相近的要求（主要涉及表 4-1 中与 R 相关的部分），以便在保持各自特性的同时，实现更紧密的协同作用。

—保持差异化要求的独立性（主要涉及表 4-1 中与 D 相关的部分），确保各个管理体系的特定需求得到满足。

—重点关注融合后的体系文件内容是否满足一体化管理体系的要求，目的是确保整个融合过程符合组织的目标和策略。

通过以上步骤，大华公司能够形成较为完善的管理体系一体化融合文件，以便在实施中达到各管理体系之间的无缝衔接，同时满足组织的特定需求和目标。这一过程体现了对 ISO 的 HLS 原则和结构的深刻理解，也是实现有效、灵活和可持续的管理体系一体化融合的关键步骤。

五

管理体系一体化融合的第四步，是将前一阶段形成的一体化融合文件付诸实施,并开始运行融合后的一体化管理体系。这一步骤不仅是一个技术过程,还涉及组织文化和战略方向的适应与执行。具体来说,企业在运行一体化管理体系过程中,应该注意以下几个关键方面。

(1)衔接各个过程和职能的有效性:确保不同部分之间的协同和一致,防止出现孤岛现象或效率低下。

(2)运用数字化手段进行监控和运行:借助现代信息技术,如数据分析和实时监控,使管理体系更加透明和响应迅速。

(3)实时反馈体系运行情况:持续监测管理体系的性能,并及时进行调整,确保满足组织预期的目标和需求。

大华公司在实施一体化管理体系融合文件后,着重关注了以下几个方面:

——过程和职能的无缝衔接:通过内部协调和沟通机制,确保不同部门和层级之间的责任无缝衔接,以便达到更高的效率和一致性。

——运用数字化手段:大华公司投资于先进的IT解决方案,以实时监测和分析管理体系的运行状态。例如,通过集成的仪表板来展示关键绩效指标(KPIs)。

——构建实时反馈机制:大华公司建立了一个反馈机制,使管理团队能够及时了解系统的运行状况,并根据需要做出调整,以确保始终符合组织的战略目标和客户需求。

大华公司的这一实践,体现了管理体系一体化融合不仅是文件和程序的问题,还涉及企业文化、技术、人员和战略方向的整合。通过一体化融合,大华公司能够以更高效、灵活和响应迅速的方式运作,从而更好地服务其客户,并实现其长期战略目标。

六

对于任何企业来说,管理体系的一体化融合并不是一蹴而就的,而是一个渐进的、随着企业管理体系不断增加和复杂化而逐步展开的过程。

一般来讲,企业从创建到持续发展的整个生命周期通常可划分为六个依次递进的发展阶段。这些阶段依次是:创始发展阶段、运营规范阶段、管理规范阶段、文化规范阶段、多元发展阶段和高级发展阶段。

在这个持续发展的过程中,每个组织都会经历上述每一个阶段,并常常会在特定阶段根据自身的需求和管理能力采取相应的合规方式。随着企业不断攀升至更高级的阶段,其管理体系将变得越来越复杂,四大职能(法律、内部控制、风险管理、合规管理)逐步完善,如图4-2所示。

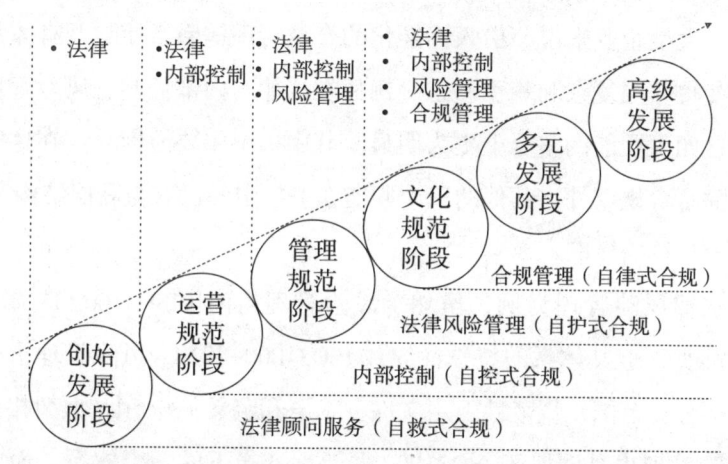

图4-2　企业发展阶段与合规方式及四大职能的完善

虽然标准化的合规管理、内部控制、法律风险管理和法律顾问服务等适用于各类规模的企业,但在实际操作中,企业通常会根据自身的管理能力和基础设施逐渐引入和完善这些体系。例如,企业在处于管理能力相对薄弱的创始发展阶段,业务相对单一,法律和合规风险相对集中,因此合规和法律风险管理职能通常是通过外部法律顾问服务实现的。这一阶段的内部控制职能主要由会计控制的方式来承担,其他方面多为自发的、松散的和非体系化的控制,只有发展到运营规范阶段,内部控制体系才开始创建形成,以适应企业日益复杂的运营环境。同样地,从主观上考虑,虽然建立规范的法律风险管理体系和合规管理体系,在任何时候都是可以展开行动的，但如图4-2所示，在管理实践中，企业可能会从客观上考虑自身所处的发展阶段和需求，找准体系的创建起始点。

七

企业在各个发展阶段对法律、合规、内控和风险管理这四大职能的需求都是存在的，主要的区别在于它们是自发的、零散粗放型的还是系统化、标准规范型的。在企业的成长过程中，任何正式体系的引入和建立都可能带来与既有体系和管理模式的整合问题。

对于大型企业来说，引入标准化的合规管理体系会使与既有体系的整合问题变得相当复杂和棘手。这一挑战在法律、内部控制、风险管理和合规管理这四大职能的整合上更为明显。其中一个主要原因是，在这四大职能中，除了合规以外，其他的三个职能在ISO中并没有与高层结构（HLS）框架完全相符的标准。

以法律风险管理为例，虽然《风险管理指南（ISO31000）》属于ISO国际标准类，但其体系的特殊性导致ISO31000-2018《风险管理指南》仅在前三部分（范围、规范性引用文件、术语和定义）与HLS框架相符，且法律风险管理也是同属于ISO31000框架标准之下的一个体系，而内部控制体系方面并未有与其他体系对应的标准和框架。因此，在实践中针对法律、内部控制、风险管理和合规管理四大职能的整合问题，一般追求的是形成一种管理上的协同运作机制，而不苛求它们在体系上的一体化融合。实现这种协同不仅要求企业具备足够的专业知识和实践经验，更需要展现出高度的灵活性和策略应变能力。鉴于已有不少出版物对四大职能的协同运作机制进行了阐述，本书就不在此展开论述了。

第四章 合规之道：把合规融入经营管理过程

第二节 避免合规与业务"两张皮"

合规管理在保持独立性的同时，最好与组织的其他管理过程、运行需求和程序相结合。

——ISO37301

一

瑞士信贷集团（以下简称瑞信），这个拥有167年悠久历史的金融巨头，曾是国际上一家极其重要的银行，却在2008年金融危机后的15年间逐渐走向衰败。这一衰败的趋势在硅谷银行倒闭引发的市场恐慌中达到高潮，最终导致失去广大客户的信任，被迫于2023年3月20日出售给其长期的竞争对手——瑞银集团。

瑞信的衰亡不仅仅是业务战略失误的结果，更深层的原因是公司在法律和合规风控机制上的严重失效。瑞信虽然在2008年之前就将合规引入了其风险管理体系之中，但其内部存在一种"风险让步于业务"的文化，这使得合规和风控部门对业务的监管严重不力，形成了合规风控与业务之间的割裂，合规与业务形成"两张皮"现象。

二

"合规与业务'两张皮'"是一种形象的说法，用于揭示组织内合规职能与业务流程之间的脱节或冲突现象。这种现象反映了合规职能与业务流程之间因缺乏紧密结合而相互制约、各自为政，在实际操作中经常出现不一致甚至相互冲突，常表现为合规要求在具体的业务流程和决策中无法得

193

到真实体现和执行，合规成了纸上谈兵，在实际操作中常被忽略，或者出现业务目标与合规要求之间的冲突而得不到妥善解决，从而导致企业合规在局部或全局的缺失或无效，进而给企业的整体运营带来潜在风险。

"两张皮"的弊端在瑞信 2021 年因美国 Archegos 基金倒闭而造成重大损失的事件中得到了生动展示。Archegos 基金的倒闭直接造成了为其提供杠杆融资的瑞信损失了 48 亿瑞郎。尽管瑞信设立了上下两级合规风控部门作为防线，但在 Archegos 事件中，这两个上下级部门却未能发挥应有作用，其业务部门的强势地位使得合规风控部门的意见和建议被忽视或推翻。尽管合规风控部门曾在 Archegos 业务突破风险敞口限额的情况下提出终止互换合约的建议，但业务部门的否决让这些部门成为摆设，无法有效执行其职责。

三

合规与业务"两张皮"的问题不仅会削弱企业的竞争力，更可能对公司的声誉和长期战略目标带来深远的损害。要针对这一问题寻找解决方案，企业在战略和理念上就不能将合规仅视为一项孤立的任务，而应该将业务中必须遵守的外在规则内化成制度，视其为合规义务予以自律，并将其纳入公司文化，成为业务战略的核心组成部分。对于具体避免和治理"两张皮"现象，可以按照以下几个步骤逐步解决。

第一，企业应致力于塑造诚信、道德、与社会准则相一致的核心价值观，并在企业文化层面全面认同合规经营。这不仅仅涉及深入理解合规与业务之间的重要平衡关系，更要认识到合规不是业务发展的障碍，而是推动企业可持续、健康发展的关键因素。

第二，企业应当加强领导作用，积极推动企业文化建设，大力促进合规行为措施在组织中得到认可和实施，解决合规与业务目标的冲突。

第三，着手通过将合规融入业务流程设计，从一开始就强调业务流程的合规性,以确保业务流程与法规和道德标准的一致性,从而防范未来的合规风险。

第四,提高合规风控部门的地位和功能,这是确保合规要求得到执行和有效监督的组织保障。合规部门需要有足够的资源和权力来监督和干预业务流程。

第五,加强持续监控和改进,以确保合规机制与企业目标持续一致,并随时调整以适应不断变化的业务环境和法规要求。

以上解决合规与业务"两张皮"问题的五个步骤,其实对应着合规管理体系中的五个要素,分别是:合规文化、领导作用、流程和机制、合规团队、持续改进。其中,合规文化是解决"两张皮"问题的核心和内在驱动力,领导作用是解决问题的着力点,流程和机制是将合规控制和要求融入业务的表现,合规团队牵头负责规划、协调和监督等具体管理,持续改进则使"两张皮"问题在不断循环的过程中得到持续有效的解决。五个要素的相互关系如图 4-3 所示:

图4-3　解决"两张皮"问题的五要素

可以用这样的思路来理解图 4-3:领导作用和合规文化是企业避免和解决"两张皮"问题的核心驱动力;合规团队在文化和领导作用的支持下主持合规工作,包括在流程和机制的建设中确保合规职能的植入,以及遵循合规管理体系的系统方法保持持续改进的活力。流程和机制的建设与持续改进,则使得避免和解决"两张皮"问题有了持续实现的路径。

四

解决"两张皮"问题的核心是企业文化。

合规与业务的"两张皮"现象,看似合规和风控机制没有融入公司业务和战略流程之中,或者虽然融入业务流程,却因舞弊等不能发挥作用,但实际上深层次的原因则来自公司文化。

以瑞信为例,其企业内部普遍存在着"风险让步于业务"的文化,这与瑞士"银行之国"的文化和历史有很大关系。瑞士的"永久中立国"地位和严格的银行保密制度,在使该国银行成为全球最可信赖的银行的同时,也成了合规难以在组织内推进、银行为大量资金避税和非法资金洗钱提供温床的条件。在全球反避税、反洗钱的法律体系未完全建立的情况下,瑞士银行业的这些行为在一定程度上得到了默许,而瑞信100多年积淀的"业务重于合规"文化也深入了公司的骨髓。

据英国金融时报报道,瑞信前首席风险官 Lara Warner 曾呼吁风险和合规部门"更加商业化",与交易员"保持一致"。这说明瑞信的企业文化不重视合规,甚至认为其阻碍业务增长,从而造成了合规与业务之间存在根本的分离。

21世纪以来瑞士信贷的合规管理基本形同虚设,许多业务在过去10多年间甚至陷入违法违规的深渊,其中包括屡次协助德国、美国、意大利等国的客户逃税,如此不端行径竟然成为该公司国际化的"特色服务"项目。更为严重的是涉及帮助客户洗钱的问题,其中最为典型的案例是为保加利亚贩毒集团洗钱,使得瑞信成为瑞士历史上首家背负刑事罪名的大型银行。此外,商业贿赂的丑闻也屡次涉及瑞信,所涉及的国家包括马来西亚和莫桑比克。其他违法和违规行为还涉及前雇员和高管的间谍丑闻以及向媒体大量泄露客户数据。所有以上违法违规事件已经完全无法用合规与业务流程的机制融合不佳加以解释,相反却反映出了因企业文化而造成在领导作用上违规的故意。

公司合规文化和价值观是合规方针和原则的基础。不健康的合规文化会造成违规的故意，大众2015年的"排放门"事件，是另一个典型的例子。

2015年，大众被揭露在其柴油车上安装了一种软件，可以在排放测试期间检测车辆并修改尾气排放，以符合规定。然而，在正常驾驶条件下，这些车辆的尾气排放量却远超标准。此举直接违反了多个国家和地区的环境法规，严重损害了公司的声誉。造成此事件的表面原因，是合规与业务"两张皮"导致的监管缺失，以及管理体系与实际操作之间的鸿沟。公司领导未能确保合规政策在各级部门和团队中得到有效执行，公司的合规团队也未能有效监测和发现问题，导致问题长期存在而未采取任何应对措施。然而，该事件发生的深层原因，则是该公司领导作用以及文化与价值观问题，公司内部对业绩和市场竞争的过度强调，促使公司某些高管和技术研发主管人员（涉及大众集团前总裁马丁文德恩、大众公司卡塞尔工厂柴油发动机研发负责人鲁道夫）采取高技术非法手段来逃避合规监管以实现业绩目标。这一事件给大众的正常经营带来了严重的影响，大众因此在全球范围内被起诉和罚款，总计超过300亿美元。这一丑闻严重损害了大众的品牌形象，导致客户信任下降。事件曝光后，大众的股价暴跌，市值大幅缩水。大众的"排放门"丑闻是一个典型的合规管理失效的案例，揭示了合规与业务脱节可能带来的严重后果。

文化和领导作用，是解决"两张皮"问题的根本和关键。在实践中，合规与业务流程的融合，本质上是相对容易解决的技术性问题，而公司文化和领导作用才是难以解决的核心问题。

在世界范围内，鲜有重大合规事件不是源于公司文化和领导作用的。人们耳熟能详的重要事件之一，就是中兴通讯（ZTE）的受罚事件。这一事件前后两年的演变，直到中兴公司高层管理团队的更迭，都深刻揭示了改变植根于管理层内部的深层文化和受其塑造的领导作用是何等艰难的任务。没有坚实的文化和领导作用作为基础，即便合规管理体系在形式上再完善，哪怕与业务流程在制度层面融合得再完美，也无法真正克服舞弊等不端行为所造成的弊端。这一教训强调了合规文化和领导作用在企业管理中的核心地位，合规不仅仅是一套规则和程序，更是一种需要全体员工共同维护和实践的价值观和行为准则。因此ISO37301在其引言中就提出了：

合规的可持续性体现在将合规融入组织文化以及为组织工作的人的行为和意识。

……

组织的领导层运用核心价值观、普遍接受的良好治理方法、道德规范和社会准则来塑造组织的合规之道。将合规融入为组织工作的人员的行为取决于组织各层级的领导作用、组织的清晰价值观以及组织对促进合规行为措施的认可和实施。如果组织的各层级不能做到上述各点，则面临不合规的风险。

五

端正了组织文化和领导作用后，着手解决合规融入业务流程的问题就变成了解决"两张皮"的重点。这一融合过程需要从企业最高治理机构一直贯彻到基层。

企业治理机构和最高管理者证实其领导作用和承诺的主要方式之一，就是确保将合规管理体系的要求融入组织的业务过程，确保制定并实施方针、过程和程序，确保在业务流程中包含能及时获知合规事项，包括不合规情况，并确保采取适当措施的机制。

在治理机构和最高管理者之下，合规团队应被赋予足够的权限来监督合规义务与方针、过程和程序的整合。在合规团队之外，企业管理者则负责在其职责范围内将合规义务融入现有的业务实践和程序，而一线人员则是最终合规责任的直接承担者，需要严格遵守组织的合规义务、方针、过程和程序。

例如，微软公司（以下简称微软）非常重视将合规纳入公司的各个关键业务流程。在设计和开发产品时，微软就考虑了法规和具体的合规要求。这涉及数据保护、知识产权、安全性等方面。产品在开发阶段就引入了隐私影响评估，确保产品设计符合全球各地的隐私法规，如欧盟的GDPR。微软还在流程上植入使用先进的加密技术来保护用户数据的步骤，确保信息在传输和存储过程中的安全。在开发新产品之前，微软会进行专利景观分析，确保其新产品不侵犯现有的专利权，并根据需要获取必要的许可。通过确保用于产品的所有内容、图像和音频的获取和许可都合法，微软避免了与版权相关的法律风险。

微软遵循一套被称为安全开发生命周期（SDL）的严格流程，其中包括在开发过程的每个阶段执行安全分析和测试。微软的产品要经过多个安全合规认证，如ISO27001信息安全管理体系认证，以确保它们符合行业和地区的安全标准。微软还有一个全球法规数据库，确保产品开发团队随时了解和适应不断变化的全球法规环境。通过与外部审计机构合作，定期评估产品的合规性，以识别并及时解决潜在问题。

原本对技术人员来说纯属技术过程的开发流程，微软却融入了非常多的合规要求和配套的控制措施。通过从一开始就引入合规要求，微软确保了其产品在全球范围内符合各种法规。

在销售流程方面，微软也注重合规性。例如对其供应链中的合作伙伴提出并实施相关合规要求，植入控制措施监测其合规性，包括环保、劳动权益和商业道德等方面，确保符合劳动法和其他相关法规。微软有严格的合同审查流程，确保与客户的交易符合各种反贿赂和反腐败法规。

在业务流程之外，微软在跨部门协作中也注重将合规融入流程，其合规团队与各业务部门紧密合作，确保在决策和执行过程中充分考虑合规因素。合规团队与其他部门定期开会，确保合规方面的有关标准在决策过程中得到反映。此外，合规团队和业务部门共享关键信息和资源，如法规变化、最佳实践等，确保各部门了解和遵循最新的合规要求。此外，微软还使用先进的技术和工具，如人工智能和数据分析，来监测和管理合规风险。通过使用人工智能算法，微软能够实时监测潜在的合规风险，并及时采取措施。微软使用大数据分析来审查合规绩效和流程，从而发现潜在问题并做出相应调整。另外，微软还利用自动化工具，以便能够使合规流程更加高效，减少人工干预，降低出错率。

六

避免"两张皮"的第四个关键，是提高合规风控部门的地位和功能，使合规部门有足够的资源和权力来监督和干预业务流程。

合规团队是企业中对合规管理体系的具体运行负有职责、享有权限的团队（或个人），由企业的治理机构和最高管理者提名或任命，企业通常指定一人负责对合规管理体系的监督。

在合规治理方面，企业的治理机构和最高管理者应该确保与合规团队相关的三项原则得到实施。

第一，合规团队应该能够直接接触治理机构，包括向治理机构的直接汇报线、定期提交报告以及参加其会议，如有需要，他们能绕过组织中的其他人直接与一个或多个最有权采取行动的人沟通。当然，这种接触应该是有计划和系统性的，比如合规团队不仅能够直接向首席执行官报告，还能够通过合适的方式向审核委员会、主席或整个董事会报告。

第二，合规团队应该独立于业务部门甚至最高管理者，其运行不受任何不当干扰和/或压力，不与组织结构或其他要件冲突；他们可以自由行动、不受垂直管理者的干涉。

第三，合规团队具有适当的权限和能力，其在权限上不是一个能被上级否决或被其修改报告或信息的初级部门。合规团队能根据需要指导其他员工，并且在相关事项中有"发言权"，以申明和提出合规疑虑。此外，合规团队还应该有足够的资源来支持组织不受限制地执行合规管理体系的必要工作和职责，包括获得技术，以使合规管理体系能全面和有效地支持组织实现其合规目标。

以下这些公司在合规管理方面取得了良好的成效，其合规团队被赋予了适当的权限、地位、独立性和能力。

强生公司在合规治理方面的实践一直被认为是行业的楷模。该公司的全球合规部门是一个独立的实体，直接向 CEO 报告，可以直接与公司董事会和 CEO 沟通，并定期向审计委员会报告。该合规团队独立于业务部门，并拥有强大的资源和技术来监控全球业务并确保其遵循各种法规。

摩根大通，美国著名的金融服务机构。该公司有一个强大的合规部门，可以直接向公司的审计委员会和 CEO 报告，并在组织中有独立地位，可自由行动，同时具有足够的权限和资源来监督全球业务的风险，并与各业务部门协作以确保合规。

西门子公司，曾经的重大合规丑闻公司，如今却成为合规管理的模范。2008 年，西门子同意支付超过 14 亿美元的罚款，以解决有关其全球贿赂的指控。这是截至当时全球最大的贿赂案罚款。这一事件促使西门子进行了全面的合规管理体系改革。公司采取了一系列措施来加强其合规程序和文化，并确保此类问题不再发生。其中包括建立一个独立的合规部门，直接向 CEO 和董事会报告，以及进行全球范围的合规培训和监督。自那时以来，西门子在合规方面的努力被视为行业的典范，合规团队定期向治理机构报告工作，并保持完全独立，以防止任何不当干预。该合规团队负责全球合规培训和监督，拥有足够的资源和技术支持。

七

ISO37301 合规管理体系标准，以及其他 ISO 管理体系标准，都强调持续改进要件的重要性，这对于避免合规与业务"两张皮"的有效性要求更加重要，因为战略、业务、环境和法规的变化都会影响到原有合规机制与业务的关系，很有可能造成两者脱节。持续改进不仅是一个理念，也是一种实际操作，要求企业不断监测、评估和增强其合规程序。

持续改进意味着合规不是一次性任务。企业必须不断检查和更新其合规策略和程序，以确保与业务目标的一致性，并随时调整以适应不断变化的业务环境和合规要求。大多数情况下，这样的改进还是监管机构直接推动的。

例如，强生公司在 2013 年与美国司法部达成了一项有关销售和营销做法的协议，同意支付 24 亿美元的罚款。作为协议的一部分，强生承诺改善其合规管理体系，并聘请了一位独立的合规监察人员。该公司通过持续改进其合规管理体系，确保了其销售和营销做法符合法规要求，并降低了将来出现类似问题的风险。

BP 公司在 2010 年墨西哥湾漏油事故后，承诺改进其安全和环境合规管理体系。事故揭示了公司在风险评估和安全监管方面的缺陷。BP 投资了数十亿美元用于安全改进，并调整了公司的风险管理流程和政策。通过持续的监控、培训和评估，BP 努力确保其合规管理体系符合行业标准，反映了对安全和环保的承诺。

持续改进要求企业有一个强大的监控机制，以实时监测合规风险和绩效。这往往涉及使用先进的数据分析工具和人工智能，来自动监测潜在问题，并及时采取纠正措施。

美国富国银行在发现有员工因销售目标压力而创建虚假账户后，投入了大量资源来加强其合规监控体系，包括使用先进的分析工具来跟踪不寻常的账户活动，并提供持续培训和支持，以确保员工理解和遵循合规要求。

作为全球性科技公司，谷歌不断面临着隐私和数据保护的挑战。为了适应全球不断变化的隐私法规，谷歌设立了专门的合规团队，负责定期审查和更新其隐私政策和程序。例如，随着欧盟通用数据保护条例（GDPR）的实施，谷歌迅速调整了其数据处理和存储的做法，以确保符合新的法规要求。此外，谷歌还与外部监管机构合作，进行自我监督，以确保合规。

八

总之，为避免和解决企业中合规与业务"两张皮"的问题，必须重视以下几个核心操作要素。

（1）企业文化：企业文化应强调诚信和透明度，确保每个员工都了解并认同合规的重要性。

（2）领导作用：公司领导层必须展现对合规的坚定承诺，通过言行一致来树立榜样。

合规的企业文化和领导作用是避免和克服"两张皮"问题的强大驱动力。

（3）流程和机制：通过在业务流程如产品开发、销售、供应链管理等方面嵌入合规要求，确保合规与业务紧密结合。这种整合有助于确保合规在每个业务层面都得到有效实施，是避免和解决合规与业务"两张皮"问题的外在表现。

（4）合规团队：合规团队不仅要有足够的资源和权力来监督和干预业务流程，还要确保其独立性，使其能够自由行动，免受不当干涉和压力。

（5）持续改进：通过持续监控和改进合规机制，企业能够确保其合规管理体系与业务目标保持一致，以适应不断变化的业务环境和合规要求。这涉及定期评估现有合规策略，识别潜在风险，及时更新合规措施，并确保所有层级的员工都理解并遵守最新的合规要求。

通过对这些核心操作要素的全面考虑和实施，企业能够加强对各项过程和程序的管理，构建一个健康、有力的合规管理体系，并避免合规与业务"两张皮"现象。这不仅有助于防范合规风险,还有助于塑造一个负责任、可信赖的企业形象,从而实现长期的商业成功。

第三节 央企的合规

管业务必须管合规。

——《中央企业合规管理办法》

一

央企合规的推进,最初源于对"一带一路"倡议沿线多样化的商业环境和国际合规环境的日益复杂化的积极应对,以确保央企在国际舞台上的所有业务均严格遵守法律和商业准则。自 2013 年"一带一路"倡议提出以来,国资委和央企持续努力构建既与国际规则相契合又融合中国特色的合规体系。其在充分吸收 ISO 合规标准和要求的原理基础上,重点突出原则和领导作用等,充分体现了央企的治理特点。

国际合规标准的发布起于 2014 年。2012 年 10 月,ISO 成立了 ISO/PC271 合规管理委员会,并先后于 2014 年和 2021 年发布了 ISO19600《合规管理体系指南》(已废止)和 ISO37301《合规管理体系 要求及使用指南》,后者是对前者的升级迭代。对应地,我国则于 2017 年和 2022 年先后发布了与以上两个标准等同的 GB/T 35770-2017《合规管理体系指南》(已废止)和 GB/T35770-2022《合规管理体系 要求及使用指南》,国资委又于 2018 年和 2022 年先后印发了《中央企业合规管理指引(试行)》(以下简称《指引》)和《中央企业合规管理办法》(以下简称《办法》),而后者是国资委成立以来第一个针对合规管理发布的部门规章,对中央企业进一步深化合规管理提出明确要求,与《指引》相比更加突出刚性约束,内容更全、要求更高、措施更实。而我国央企的合规，也正是以自律式合规框架为基础、以《办法》中的强化要求为精神指导来构建和运行其合规管理体系的。

二

对于央企的合规来说，《办法》在体系框架和运行机制上基本采用了ISO37301标准，但在实务上仍然鼓励央企结合实际，制定合规管理专项制度或专项指南，构建分级分类的合规管理制度体系。央企合规管理体系的要件集里，在目标、原则和纲领上，《办法》提出了更多要求。因此，如果仍以合规管理体系要件图的方式来理解央企的合规管理体系，其合规管理体系要件如图4-4所示：

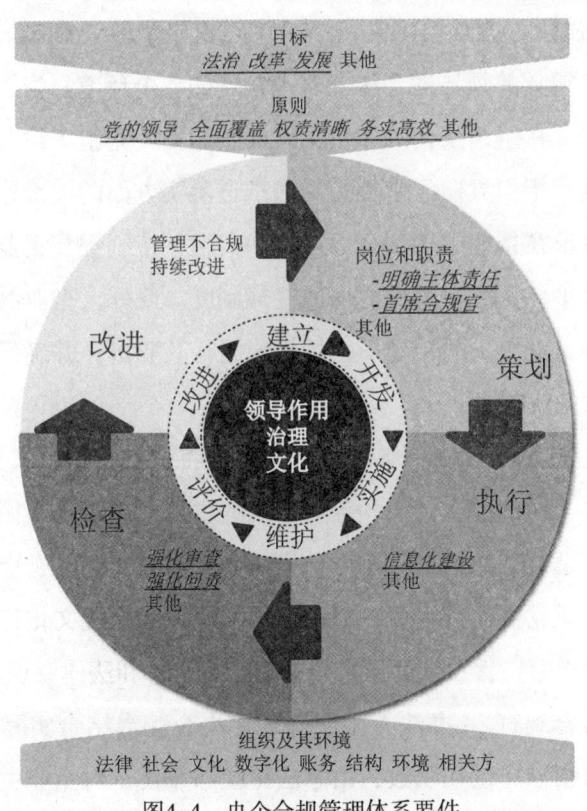

图4-4 央企合规管理体系要件

以上合规管理体系要件图是基于ISO37301标准的，但《办法》为其添加或强化了一些要件。在图4-4中，《办法》为合规管理体系添加和强化的要件用斜体下画线标明，而图4-4中的"其他"要件，则与原ISO37301中的要件相同。因此，央企的合规管理体系与ISO37301合规管理体系相比，在目标和原则方面更丰富，在职责、信息化、问责等方面更明晰。具体来说，央企合规管理体系中值得强调的要件包含以下5个方面。

（1）党的领导。坚决维护党的领导地位是央企合规管理的首要原则。尽管此原则在早前的《指引》中未被明确，但在《办法》中它被确立为最高准则，这反映了国资委已将合规管理提升到至关重要的政治高度。

《办法》强调企业党委（党组）的核心领导作用，要求其在依法治国的大背景下，把党的领导理念融入合规管理的各个环节。为了实施这一原则，该《办法》在组织架构和职责上将央企党委（党组）设置为最高决策层，并明确其在指引方向、掌控大局和推进落实方面的关键作用。其目标是确保合规要求在企业中得到全面遵守和实施，持续提高企业的法律风险和合规管理水平，并严格遵循党内的法规制度。此外，企业的党建工作机构也应在党委（党组）的领导下，按规定履行其职责，并确保相关的党内法规得到有效的执行。

在合规文化方面，《办法》指出，央企应将合规管理纳入党委（党组）的法治教育中，以此引起企业领导对合规的重视，并带头遵循法律法规进行经营活动。总之，《办法》高度重视党的领导在央企合规管理中的核心地位，并对企业党委（党组）在组织架构、职责和合规文化建设中的关键角色作出明确指引，旨在全面提高企业的合规水平和法律意识。

（2）首席合规官。《办法》中明确规定央企应当结合实际设立首席合规官，不新增领导岗位和职数，由总法律顾问兼任，对企业主要负责人负责，领导合规管理部门组织开展相关工作，指导所属单位加强合规管理。

《办法》进一步指出，央企必须确保合规审查融入日常经营管理流程中，使之成为标准操作程序。所有重大决策的合规审查意见必须由首席合规官签署，明确反映对决策事项的合规性评估。各业务及职能部门以及合规管理部门，则根据各自的职责和权限来完善审查的标准、流程和关键点，并定期进行审查的后续评估。

央企内部的首席合规官设立，体现了对合规管理的进一步加强。例如，ISO37301标准就规定，应有一位专人负责合规管理体系，并具有适当的权力。同时，世界银行、经合组织等多个国际组织均鼓励公司设置首席合规官职位，认为这是评估合规管理质量的关键。在国际领域，世界顶尖的企业普遍采纳了首席合规官的模式。首席合规官作为企业核心管理团队中的一员，全方位地引领合规管理体系的构建和运行，起到至关重要的作用。目前，在我国央企中，顶层设计和统筹仍需优化，首席合规官的职责也需要进一步明确并加以强调。实践证明，已经设立首席合规官的企业取得了显著的成效。因此在央企中设立首席合规官，不仅有助于明晰和执行合规管理职责，还展示了央企对加强合规管理的坚定决心和积极态度，对鼓励各种企业合法合规经营起到了重要的示范作用。基于上述原因，国资委在《办法》中强调，央企应当结合实际情况设立首席合规官，进一步强化合规管理。

（3）强化审查。合规审查主要针对组织的特定操作、决策或者业务流程，检查其是否遵循了相关的法律、法规、行业标准和企业内部的规章制度。合规审查通常包括文档审查、过程分析、员工访谈等方式，以确定组织的行为是否与法律和内部政策相符。如果在合规审查中发现了违规行为或者潜在的风险，企业就需要采取相应的纠正措施，以避免合规风险和其他相关风险。

加强合规审查，是确保经营行为规范并预防违规风险的重要环节。严格的合规审查能有效预防和控制大多数的合规风险。为此,《办法》对合规审查设定了更高的标准,主要集中在以下三个重点领域:首先,明确规定了各部门在合规审查中的职责和作用范围;其次,增强了合规审查的严格性和权威性;最后,完善了合规审查的管理流程。

具体而言,在首个领域,业务及职能部门需对其经营管理行为进行合规审查,而合规管理部门则对规章制度、经济合同以及重大决策等关键事项进行审查,从而确保责任明晰且得以有效执行。在第二个重点领域,企业必须将合规审查纳入标准流程,而对于重大决策事项的合规审查,必须由首席合规官进行审批,并提出明确的合规建议,从而确保每一个需要审查的事项都得到严格有效的审查。在第三个领域,借鉴部分企业的成功经验,业务和职能部门以及合规管理部门都需根据自己的职责范围,持续完善审查标准、流程和关注的重点,并定期评估审查结果及其与合规要求的一致性。通过不断完善管理流程,可以持续优化审查的质量,为核心业务提供更强大的支持。

(4)强化问责。当组织中的个体或团队未遵循相关法规、政策或标准时,合规问责确保他们为其不当行为承担相应的责任,其过程包括对违规行为的调查、确定责任主体、执行相应的处罚措施(如警告、罚款、解雇等)。合规问责的目标不仅仅是惩罚违规行为,更重要的是通过问责机制确保整个组织遵循合规文化,促使员工在将来的行为中遵守规定,提高整体的合规性。

和合规审查一样,合规问责也是正式合规管理体系中的基础机制。《办法》将强化监督问责包含在合规管理的基本定义之中,并在"权责清晰"总原则中强调要对违规行为严肃问责。该原则在制度建设和运行机制方面细化为更具体的要求,强调将监督问责纳入合规管理基本制度,并应当完善违规行为追责问责机制,明确责任范围,细化问责标准,针对问题和线索及时开展调查，按照有关规定严肃追究违规人员责任。在具体操作方面，《办法》要求央企应当建立所属单位经营管理和员工履职违规行为记录制度，将违规行为性质、发生次数、危害程度等作为考核评价、职级评定等工作的重要依据。更进一步，《办法》还将"监督问责"单设一章（第七章），对违规和渎职行为提出了具体问责要求。对于违规行为，国资委可以约谈相关企业并责成整改；造成损失或者不良影响的，国资委根据相关规定开展责任追究。对于渎职行为，《办法》要求央企对在履职过程中因故意或者重大过失应当发现而未发现违规问题，或者发现违规问题存在失职渎职行为，对企业造成损失或者不良影响的单位和人员追究责任。

（5）信息化建设。和监督问责一样，《办法》对合规管理信息化建设作出专章规定，这既是对合规管理体系中文件化信息、监视和测量、一体化整合等要件的加强，也是对法治中国建设国策的贯彻。《法治中国建设规划（2020—2025年）》首次提出，运用大数据、云计算、人工智能等现代科技手段，全面建设"智慧法治"，推进法治中国建设的数据化、网络化、智能化。这为企业法治建设搭乘数字化快车、实现加速发展带来新机遇，也提出了更高要求。到目前为止，我国已有超过半数央企建立了法治工作信息化管理系统，但合规管理信息化建设方面还有一些差距。放眼国际，世界一流企业之所以合规管理做得好，一个重要原因就是充分运用大数据、人工智能等现代科技手段，真正将合规要求嵌入经营管理流程，并通过数据分析、智能控制等方式，实现及时预警、快速处置，切实提高了管理效能。因此，为适应这一发展趋势，《办法》专章对合规管理信息化建设作出规定，从明确主要功能、推进与其他信息系统互联互通、加强重点领域和关键节点实时动态监测等方面提出了具体的要求。

三

通过以上分析，可以看出，央企的合规管理体系，实际上是国际标准合规管理体系的加强升级和定制版本。在合规审查、问责以及信息化建设上，央企都做出了显著的加强与创新；同时，考虑到央企的实际情境，对其他方面也进行了有针对性的调整和完善。这一系列措施使得央企的合规管理更加切实有效并具备了更强的实践指导性。

在发布《办法》之后，国资委计划进一步推动央企全面落实《办法》中的各项规定，完善管理体系、明确具体措施，并确保所有任务得到切实实施。为确保《办法》的有效执行，国资委将强化督导和指导，促进企业间的交流和学习，以迅速弥补现有的不足。此外，国资委还将引导各省级国资委参考《办法》，积极指导其所投资的企业加强合规管理，从而全面提高国有企业依法合规的经营管理能力，为深入改革和高质量发展提供坚实的支持和保障。这意味着《办法》不但对央企适用，对地方国企也适用，这种适用性经由国务院国资委通过引导省级国资委参考《办法》指导其所投资的企业而向下传导辐射。由于地方国企的数量远多于央企，因此《办法》所覆盖和适用的企业范围非常广泛。

基于上述背景，央企可根据第二章所描述的建立、实施、维护及持续改进的主要步骤，参考表4-2提供的详细操作步骤，针对央企在合规方面需要强化的环节，完善并确保公司的合规管理体系得到实际执行与落实。

表4-2 央企合规管理体系落实步骤

主要步骤	详细步骤	步骤说明
建立	方案确立	确立或建立文件化信息基础设施。如可能，应以信息化系统为基础（详细步骤参考下面"信息化和文件化信息建设"部分）起草合规管理体系建立、实施、维护、持续改进方案。 该方案结构与本表基本相同。 该方案中的第一部分——建立合规管理体系方案，可参考本书第二章第一节中大华公司的方案大纲，并结合《办法》中的要求起草。 以下各部分，是本方案的具体实施。 如果企业中已有某种合规方式，可参考下列详细步骤补齐和实施缺失步骤。 下表中凡涉及"治理机构"的，表示由党委（党组）和GB/T 35770-2022中所定义的治理机构共同组成
	领导作用和承诺	任命合规委员会和首席合规官。 治理机构和最高领导者制定合规方针、原则和目标。 合规目标和方针应与企业战略方向相一致。 发布方针、原则和目标。 确保制定并实施方针、过程和程序，以实现合规目标。 确立合规治理机制（合规委员会的权力责任）。 建立合规文化
	设立合规委员会	合规委员会功能上与正式合规管理体系中的合规团队/部门职责相协调。该委员会可以与法治建设领导机构等合署办公。 委员会负责合规义务识别、沟通协调、文件编制、实施运行、监督落实、持续改进等
	合规人才培训	首次培训，以培养人员承担体系建立和运行的各项工作。 培训与组织规模及管理模式相匹配的内审员。 定期培训，在聘用开始时和按组织策划的时间间隔实施
	合规管理体系诊断	依据GB/T 35770-2022和《办法》中的要求，对现有合规管理规章制度进行审查。 基于诊断结果，系统地识别合规管理的薄弱环节和问题。 根据发现的问题，调整、补充和完善现有的合规管理规章制度。 确保调整后的规章制度与GB/T 35770-2022标准和《办法》中的要求相符

续表

主要步骤	详细步骤	步骤说明
建立	识别合规义务	识别来源于组织活动、产品和服务的合规义务，并评估其对运行产生的影响。 识别新增及变更的合规义务，确保持续合规。 评价已识别的变更的合规义务所产生的影响，相应调整合规义务管理。 基于企业数字化的业务模式识别合规义务，重视数字经济下的合规义务。 维护合规义务文件化信息
	合规风险评估	通过将企业合规义务与活动、产品、服务以及运营的相关方面关联来识别合规风险。 评估与外包和第三方的过程相关的合规风险。 定期评估合规风险，并在组织环境发生重大变化时进行再评估。 保留有关合规风险评估和应对合规风险措施的文件化信息
	合规目标分解	将企业合规目标分解到合规委员会，以及其他相关职能和层级。
	信息化和文件化信息建设	如可能，企业应将信息系统作为文件化信息的基础设施。 对标制度，查漏补缺，编制合规管理体系制度、方针、流程和机制文件以便实施时可运行。 将文件化信息纳入信息系统。 发布、宣传贯彻文件化信息中的合规管理体系文件，并进行相应培训
实施	运行实施	梳理业务流程，查找合规风险点，运用信息化手段将合规要求和防控措施嵌入流程，针对关键节点加强合规审查，强化过程管控。 规范化运行实施所制定的制度、程序和机制。 加强合规管理信息系统与财务、投资、采购等其他信息系统的互联互通，实现数据共用共享。 利用大数据等技术，加强对重点领域、关键节点的实时动态监测，实现合规风险及时预警、快速处置
维护	维护和监督	必要时，对合规管理体系进行补充和充实，同时需要巩固和加强已被证明有效的要件。 根据内外部环境变化，对合规管理体系进行监督与维护

续表

主要步骤	详细步骤	步骤说明
持续改进	持续监控内部审核管理评审	对合规管理体系中诸要件持续监控和评估，以发现和解决体系的绩效问题。 在策划的时间间隔内实施内部审核。 在策划的时间间隔内对合规管理体系进行评审。 管理评审的结果应包括持续改进的机会，以及变更合规管理体系的任何需要的决定。 合规管理体系的更新和调整。 文件化信息应作为管理评审结果证据可获取
	持续改进	与GB/T 35770-2022持续改进要件完全相同

四

总体来说，央企的合规管理体系基于GB/T35770-2022合规管理标准构建，同时又以国资委发布的《办法》为核心指引，形成了一套"加强型"的合规管理框架，不但适用于央企，也适用于地方国企，旨在应对错综复杂的国际及国内合规挑战。在合规实务中，无论是在体系的建立、实施、维护还是持续改进阶段，都可以依托ISO37301合规管理体系的基础结构，并按照《办法》中所强调的具体要求与原则，来打造真正贴合央企实际需求的合规管理体系。通过构建与国际标准并行且融合中国特色的合规框架，央企的合规管理能力将得到进一步强化与完善。

本章小结

本章深入探讨了企业合规管理体系在落地过程中面临的实践挑战，分别讨论了合规管理体系与既有管理体系的一体化融合、避免合规与业务"两张皮"以及央企的合规等话题。

合规管理体系与企业既有管理体系的融合，不仅可以确保企业的合规性，还可以提高管理体系间的协同效应，使企业更加灵活地响应市场变化，并在合规的基础上实现整体效益和可持续增长。而针对如何避免和解决合规与业务"两张皮"的问题，本章着重强调了文化和领导作用的关键功能，并为读者提供了实用的操作步骤，以帮助读者在自己的企业中构建有效的合规与业务关系。

针对我国央企的特点，本章深入分析了其在合规管理上面临的特有挑战和机遇，并讨论了基于《办法》构建合规管理体系的针对性策略和解决方案。值得读者关注的是，本书有关章节对合规管理体系的讨论，都适用于央企合规管理体系的建立、实施、维护和持续改进；而《办法》中的内容和要求，更为国际通行的合规管理标准落地央企提供了具有针对性的指导、原则和实践建议。

后记

出于职业的原因，我对合规管理的关注、研究和在现实咨询服务中的实践已经持续了 10 年有余。尤其是最近 8 年来，在持续耕耘国内外合规管理标准、理论、案例和企业经营管理绩效改进的同时，我还探访了众多企业，了解和参与他们的合规管理实践，与企业的高层管理人员和合规从业人员进行了深入的交流。在欣喜地看到近年来合规管理在我国快速发展的同时，我也发现了我国众多企业存在的合规管理问题，其实主要集中在合规的落地方面。正因如此，我才决定将多年来坚持理论学习和从事实务工作过程中逐渐形成的合规管理落地的核心思想倾注于本书。

合规管理的重要性，在于确保企业的合法合规性和道德伦理性，以及其他有效规则的遵循，在当前复杂多变的国际商务环境中更是如此。写作本书的初衷，是帮助企业实现将合规管理体系真正落地于企业管理中。目前，在这方面有迫切需求的是广大的运营规范型企业，鉴于国资委的要求和市场的作用，需求更多更急切的是我国的央企，它们需要知道如何将规范的合规管理体系要求与自身企业的实际情况相结合。

在实践中，我深感合规管理不仅仅是要建立一套制度或规章。当我与企业中的员工、管理者及利益相关者交流时，更清楚地认识到，合规管理实际上更多的是一种文化和价值观的体现。例如，在一家视合规为核心的公司中，当员工在执行日常任务时，他们不是基于手册或指导书中的规定行事，而是基于内心深处的信仰：他们相信诚信和透明是企业长远发展的基石。此外，这些公司的领导层也会通过各种方式，如培训、研讨会或日常的沟通等，来强化这一文化，确保每位员工都能充分理解和践行。因此，本书致力于在帮助读者理解合规管理的理论基础的同时，深入挖掘其背后的文化和价值观，从而在实际操作中更好地应用和推广这一管理理念。

近年来，随着国际上对于合规要求的日益严格，企业面临的合规挑战也日益增加。人们在实践中发现，要真正做好合规管理工作，必须将其与企业的实际情况相结合，形成一套既遵循国际标准又具有中国特色，且符合自身传统管理习惯和经营实践的合规管理体系。这也是本书的核心思想和实践方案。

此外，我在此对那些在合规管理实践中给予我宝贵建议和支持的企业高层管理人员和合规管理从业人员表示衷心的感谢。

本书完稿之际，全球正面临着前所未有的经济增速调整挑战。在这样的背景下，合规管理的重要性显得尤为突出。我真诚地希望本书能为中国企业的合规管理提供有益的指导和帮助。愿我们的企业在合规的道路上走得更远、更稳健，愿我们的祖国繁荣昌盛，走向更加光明的未来！